KFAR SAMA
Village du Liban

Pourquoi la guerre ?

TÉMOIGNAGES
à la suite de la 1re édition

« Je ne vous raconterai pas l'histoire de *Kfar Sama* de ce paradis que le père Mansour Labaky vient d'écrire ou plutôt de chanter comme un cantique.

Faites comme moi. Lisez-le à votre tour. A petites étapes, de couplet en couplet. Pas trop vite : vous auriez trop d'émotion.

Ce *Kfar Sama,* ravagé par la guerre, qu'il avait « refusé de toute son âme, de toutes ses prières et de toutes ses larmes », reste habité par l'espérance. Il continue à « rêver du temps où la cueillette des fruits ne tuait pas les enfants. Il croit à la paix. Il croit à la joie. Il croit à l'amour qui récréera le monde. Il est éternel comme un don de Dieu.

Un chant, un poème ?

Disons plus justement une prière fervente et droite, une de ces prières que le Seigneur a toujours exaucées ».

CHARLES HELOU

Ancien président de la République Libanaise

Avec *Kfar Sama,* le père Labaky, parlant en prêtre et en poète du sens du pardon, de la foi et de l'Espérance, nous plonge au cœur de l'Antique Chrétienté.

CARDINAL HENRI DE LUBAC

Le livre du père Mansour Labaky, *Kfar Sama,* est une œuvre littéraire dont le Liban peut être fier. Il y a différentes manières de dépeindre l'interminable agonie du Liban : politique, sociale, religieuse, historique... Le père Labaky n'a opté pour aucune d'entre elles ; sa méthode est humano - poétique, de loin plus éloquente et perceptive que les autres. Quand il s'agit d'une compréhension spirituelle profonde, l'approche du père Labaky est la meilleure.

CHARLES MALIK
Philosophe
Ancien président des Nations Unies

Kfar Sama, c'est un défi au terrorisme, au surarmement, aux luttes de classes et de races, à toutes les violences quelle que soit l'idéologie dont elles se réclament. Puisse-t-il être lu, entendu, médité longuement, comme doit l'être un poème.

RÉGINE PERNOUD

Kfar Sama, un chant d'amour, dit dans une langue simple et riche, dépouillée et lyrique, tendre et poétique, comme seuls les conteurs de l'orient venus du fond des temps ont su le faire.

Un livre de tendresse qui avertit, sans autre volonté que de dire aux hommes que la conquête la plus difficile, mais la plus belle, la plus exaltante, c'est la fraternité.

JEAN PIAT

Kfar Sama, un petit livre lourd comme de l'or, chargé d'amour sur les beautés du Liban... Le père Labaky nous offre l'Espérance, à nous, comme un dernier secret :
« Il y aura un soir, il y aura un matin
... et l'Amour recréera le monde ».

MICHEL DE SAINT-PIERRE

La première édition de cet ouvrage
est parue aux éditions Al-Karmah
Boîte postale 59 - Baabdat - Metn-Liban

ISBN : 2-85244-600-6

PÈRE MANSOUR LABAKY

KFAR SAMA
VILLAGE DU
LIBAN

POURQUOI LA GUERRE ?

2e édition

Photos : Georges Valof

ED. AL-KARMAH
B.P. 59
Baabdat
Metn-Liban

TÉQUI
82, rue Bonaparte
75006 Paris

Prêtre maronite, ordonné à Beyrouth le 26 mars 1966, poète et compositeur, promoteur de la chanson spirituelle en langue arabe, directeur de la revue mensuelle chrétienne *Al Rabiyyah,* directeur de rédaction de la revue trimestrielle, *Al Foussoul* ou les Saisons Libanaises, auteur du *Hymnal book* « Cedars of Lebanon » regroupant tout le patrimoine liturgique maronite en langues syriaque, arabe et anglaise, le Père Mansour Labaky a également donné de nombreuses conférences aux États-Unis et en Europe, sur le problème libanais. Ses écrits, ses poèmes et sa musique ont fait l'objet d'une thèse de Magistère en littérature arabe, présentée à l'Université libanaise. Ses chants spirituels, très populaires dans tout le monde arabe, sont chantés par différentes confessions.

En janvier 1976, sa paroisse de Damour est massacrée. Le Père Mansour Labaky enterre des monceaux de cadavres de femmes, d'enfants et de vieillards affreusement mutilés.

Aux survivants rassemblés dans son église, alors que la bourgade est encerclée et que tout secours paraît désormais impossible, le Père Labaky demande de pardonner et d'offrir leurs vies pour la paix du monde. Tous répondent par un chant de foi et d'amour. Cependant, et contre toute attente, les survivants parviennent à s'échapper par la mer, en s'entassant, dans des barques, sous une pluie glaciale.

Dès 1977, le Père Labaky prend en charge des orphelins de guerre, provenant des quatre coins du pays. Avec eux, il lance la chorale des *Petits Chanteurs du Liban*. Un peu partout : à la radio, à la télévision, au Palais de l'UNESCO, dans les écoles... ils chantent l'amour, le pardon et la paix. En décembre 1980, il donne un *Récital de l'Espérance* avec 350 petits chanteurs de diverses confessions, récital dont l'impact sur les jeunes est immense.

Témoin d'atrocités sur lesquelles il préfère ne pas s'attarder, le Père Labaky ne cherche pas, dans ce livre, à expliquer les raisons de la guerre au Liban. Imprégné de sa foi, de la beauté et de la douceur de son pays où les noms des villages et des sources sont, à eux seuls, tout un poème, il raconte un village de la montagne semblable à tant d'autres villages libanais, semblable à tant d'autres villages de la terre, si éloignés de la politique et de ses remous, que la guerre leur reste à jamais incompréhensible et monstrueuse.

AVANT PROPOS DE JEAN GUITTON

*J'ai vécu jadis au Liban et l'impression que j'avais gardée de ce pays était celle de l'*allégresse. *Je me récitais les vers de Péguy sur les premiers jours du monde, dans son poème d'*Ève *:*

Et Dieu lui-même jeune ensemble qu'éternel
Regardait ce que c'est que la fleur d'un jeune âge
et père il regardait d'un regard paternel
le monde rassemblé comme un humble village.

Et, maintenant, sur les écrans de télévision je vois ce même Liban ravagé, massacré, déchiqueté, théâtre de la violence et du chaos. Jadis, j'étais au commencement du monde. Il me semble assister à la fin du monde, comme si le drame de l'histoire, de la création, de la Passion, de la Rédemption se jouait en raccourci sur cette terre très aimée.

J'agitais ces pensées, lorsque j'ai reçu la douce visite du père Mansour Labaky qui m'a remis Kfar Sama.

Quel livre admirable, mais difficile à définir ! Comme les Pensées *de Pascal, il est écrit avec le sang et les larmes. Ce n'est pas un livre, c'est un cri...*

Le père Mansour unit, en son cœur transpercé d'un glaive, les deux vocations distinctes du prêtre et du poète. Son langage est un langage de feu et de lumière, passant, comme Job ou Jérémie, de l'indignation à l'adoration.

Nous autres Français, auxquels ces épreuves indicibles ont été épargnées, nous ne pouvons pas lire ces pages sans un sentiment de pitié profonde. Comment aider nos frères libanais ? Oh ! que nous souffrons de notre éloignement, de notre impuissance ! Le sacrifice de nos soldats est le symbole de notre compassion.

Mais, ce qui m'a le plus frappé dans ce livre de douleurs, c'est que le Liban est une terre « d'espérance contre l'espérance », une promesse de résurrection. Ce qui dans ce poème domine la souffrance ; ce qui éclate à chaque page de cet hymne à la joie à travers la douleur, c'est l'allégresse, l'esprit d'enfance, la certitude de l'aurore.

De sorte que je vois confirmée mon impression première sur le Liban : terre de l'allégresse. Le salut nous viendra encore une fois de l'Orient.

JEAN GUITTON
DE L'ACADÉMIE FRANÇAISE

PRÉFACE

« Il était une fois... », raconte le Père Mansour Labaky, et nous voici emportés dans le temps d'autrefois ; ce temps d'éternel matin des bonheurs de l'enfance, ample et diapré comme une onde de tendresse.

Ce n'est pourtant pas un conte qu'effeuille ce doux Kfar Sama (1) crucifié sur sa merveilleuse montagne, mais le cri et la conviction la plus profonde jaillissant d'un cœur de prêtre et de pasteur ayant vécu l'enfer des hommes et des bombes, en plein brasier d'une guerre qui ne cesse de ravager les Kfars Sama de notre terre et d'ébouler les sentiers qui mènent à Aïn el Farah (2).

Mais descendre dans l'enfer des hommes et des bombes, c'est également être témoin de la puissance de Résurrection du Seigneur, semée par sa main percée au plus profond de nos cœurs. Et c'est alors que

1. Village du Paradis.

2. Source du Bonheur.

tout éclate en jets de lumière, « Avance ton doigt et regarde mes mains et cesse d'être incrédule » (Jn 20, 27).

Au début, au tout début, lorsque Dieu commença la création du ciel et de la terre, son premier geste créateur ne fut-il pas de séparer la lumière de la ténèbre ? « Et il y eut un soir, et il y eut un matin et Dieu vit que cela était bon. » Et lorsque Dieu créa l'homme à son image et à sa ressemblance et l'anima de son souffle de vie, « ne vit-il pas que tout cela était très bon » (Gn 1, 31) ? Et grande fut la joie de Dieu devant sa création, et plus grande encore lorsque, la confiant à l'homme, il fit de lui son associé et son héritier, en lui donnant d'ouvrir chaque soir de la terre, sur un matin de paix, de bonheur, de lumière... tant que dureront le soleil et la lune.

Mais tout le drame commença lorsque l'homme crut pouvoir être le maître de la lumière et de la ténèbre ; lorsque le serpent « la plus astucieuse de toutes les bêtes des champs » (Gn 3, 1), rampa jusqu'à son cœur. Et l'homme se mit à ruser avec la lumière et à jongler avec le feu, se grisant de son apparente puissance, se laissant prendre à son propre jeu. Le serpent n'avait-il pas insinué à Adam qu'il serait comme Dieu, possesseur du bonheur et du malheur ? Et le pire arriva, bouleversant son histoire, la jalonnant de trop nombreux soirs sans lendemains de lumière, parce que la ténèbre, à nouveau, engloutit cette lumière et s'empara des cœurs – tout feu n'étant pas nécessairement lumière, chaleur, tendresse.

Le Père Labaky se veut le témoin parmi nous de « ce qui était dès le commencement »... de ce commencement toujours si présent et actuel. Il se veut le témoin de « ce qu'il a entendu et vu de ses propres yeux et de ce que ses mains ont touché et palpé du Verbe de vie – car la vie s'est manifestée » (1 Jn 1, 1-2), et ne cesse de se manifester et d'être épiphanie, tant qu'existeront des Karim et des Haïtham, tant que notre terre fera germer des Joumana, des Alia et des Fadi, tant qu'elle épanouira des Mariam, des Fadwa et des Qassem... et tant et tant d'autres lampes d'accueil, de partage et de prière. « Fidélité germe de la terre et des cieux Justice se penche... et notre terre donne son fruit » (Ps 85). En sorte qu'il y a eu, qu'il y a et qu'il y aura toujours « des soirs à jamais confondus à leurs matins », parce que Haïtham, de confession différente dit à Karim : « Tu es mon frère ! » et que Karim dit à Haïtham : « Tu es le mien ». Et cela était depuis toujours... « dès le commencement » :

« Il était une fois dans le temps d'autrefois...
Il était autrefois dans le temps d'aujourd'hui...
Il était aujourd'hui dans le temps d'autrefois, la tendresse, belle comme le jour, belle comme la nuit.
Il est la tendresse, belle comme la Vie. »

Mais faut-il être fou pour croire, encore aujourd'hui, à la tendresse belle comme la Vie ?

« La sagesse de Dieu n'est-elle pas folie aux yeux des hommes du monde ? Et ce qui est folie de Dieu n'est-il pas plus sage que les hommes ? Et ce qui est faiblesse de Dieu n'est-il pas plus fort que les hommes ? » (1 Co 1, 25).

Or cet « amour fou de Dieu », ce « manikos eros », l'Orient chrétien n'a cessé de le vivre et de le célébrer à travers sa vie liturgique et sacramentaire, tout particulièrement lors de l'explosion de Joie et de Lumière du Temps pascal. Comme le signale si justement Urs Von Balthasar : « Pour l'Orient chrétien, l'image de la rédemption est la descente du Christ aux enfers : l'ouverture forcée de la porte éternellement fermée, la main du Rédempteur tendue au premier Adam, qui, n'en croyant pas ses yeux, contemple la lumière pascale dans les ténèbres de la mort. »

O Karim, entendais-tu, les dimanches de Pâques, Saint Ephrem le Syrien, harpe de l'Esprit-Saint, chanter la Résurrection et bénir ainsi le Seigneur :

« La rosée et la pluie vivifiante descendent sur Marie, terre assoiffée. Un grain de blé tombe dans les enfers, il remonte en gerbe et pain nouveau. Bénie soit son offrande ».

Entendais-tu votre Abouna (3) célébrer les quatre naissances du Verbe de Dieu et comprenais-tu ce que les gros livres parcheminés de notre liturgie, exhalant l'encens de nos vieilles églises maronites, nous révélaient du Verbe de Vie – car la Vie s'est manifestée :

3. Mon Père, en s'adressant au prêtre.

« O Sauveur,

Toi qui es né du Père, tu as illuminé la Création.

Toi qui es né de la Vierge Marie, tu as exalté la maternité.

Toi qui es né du baptême, tu as effacé le péché.

Toi qui es né des enfers, tu les as dépouillés de tous leurs trésors.

O Roi du ciel, toi qui as choisi d'obéir et de goûter à la mort, tu l'as vaincue et tu as détruit son empire.

Toi le puissant, par ta Résurrection tu as crucifié notre péché, et par ta mort tu as anéanti notre mort.

Toi le fort, par tes souffrances tu as étonné les créatures, et par ta Résurrection tu as manifesté ta grandeur et ta puissance. »

Et Abouna d'ajouter qu'il y avait une cinquième naissance, la plus difficile, celle-là, mais ô combien ! belle : « O Sauveur, toi qui veux naître dans nos cœurs et les rendre tout semblables au tien, toi le doux et humble, toi le miséricordieux, toi l'ami des hommes, toi le Dieu de tendresse et de toute consolation, toi qui n'as de dégoût pour rien de ce que tu as fait, toi qui épargnes tout, parce que tout est à toi. Maître ami de la vie, prends pitié de nous. »

Certaines de ces « naissances », Karim, te semblaient faciles à saisir, mais il t'arrivait de te demander comment le Sauveur pouvait naître des enfers et pourquoi nos livres sacrés les évoquaient si souvent, alors qu'ils émanaient du ciel ? Et bien que le fils du charpentier maniât les miracles avec tant d'aisance et de délicatesse, comment était-il possible ou seulement pensable à quiconque, fût-il le Verbe de Vie, de naître des enfers ? Pourtant, notre Église le réalise pleinement, qui ne cesse de scander : « O toi qui es né des enfers ! » Et nos frères byzantins, eux aussi ne chantent-ils pas aux mêmes temps, dans leurs iconostases : « Tu es descendu sur la terre pour sauver Adam, et ne l'y trouvant pas, ô Maître, tu es allé le chercher dans les enfers. »

Mais « les enfers » semblaient si loin de Kfar Sama (pouvait-il, d'ailleurs, exister des Kfars Jouhannam (4) sur terre ?) et, surtout, si incompatibles avec Kfar Sama. Tu ne mesurais pas encore la portée de chacune

4. Village de l'enfer.

de ces paroles et ne te doutais pas que l'enfer était là, tout proche, tapi à la porte de Kfar Sama, avide de changer les eaux limpides de Aïn el Farah, en amertume noire comme du sang empoisonné ; noire comme un cœur qui ne sait plus que broyer des ténèbres.

C'est qu'il était réservé à Joumana et à Fadi de découvrir, non avec leur intelligence encore bien trop malhabile, mais avec leur cœur grandissant... grandissant... grandissant... à la mesure même de Dieu, que « Crucifié, le Vivant devient le Dieu toujours plus bas, présent plus profond, désormais, que le plus profond désespoir de l'homme, que son opacité la plus infernale » (Olivier Clément). L'enfer de la guerre et des hommes allait dévoiler à tous les Kfars Sama de notre pays, que le Crucifié avait pris sur lui d'être un sans visage : « Son apparence n'était plus celle d'un homme et son aspect n'était plus celui des fils d'Adam... homme de douleurs, familier de la souffrance, tel celui devant qui l'on cache son visage » (Es 52-53), pour rendre à tous les damnés de la terre et à tous les sans visages, la possibilité du visage et la splendeur de l'icône.

C'est justement parce que l'homme a non seulement perdu son visage, mais encore la possibilité du visage et de l'icône, que le christianisme est devenu, à travers le crucifié, la religion des visages. Olivier Clément affirme qu'« être chrétien, c'est découvrir, au creux même de l'absence et de la mort, un visage à jamais ouvert, comme une porte de lumière, celui du Christ et, autour de lui, pénétrés de sa lumière, de sa tendresse, les visages des pécheurs pardonnés qui ne jugent plus mais accueillent. Évangile veut dire l'annonce de cette joie. »

Descendre jusque dans l'enfer de l'homme et tout rouvrir sur la lumière, la réconciliation et la tendresse, voilà le grand thème de notre liturgie maronite et de toutes les liturgies orientales du Temps pascal. Et voilà tout le message – et le seul possible ! – que veut crier le Père Labaky, à travers ce témoignage de Kfar Sama, si vrai parce que vécu. « Et nous vous écrivons cela pour que notre joie soit complète » (1 Jn 1, 4). Et si le Père Labaky me demande de préfacer ce que « ses mains ont touché du Verbe de Vie – car la vie s'est manifestée », s'il me demande de préfacer ce témoignage (et je le remercie de tout cœur pour ce signe de confiance et d'amitié, c'est sans doute parce que j'ai bu à la même source de Aïn el Farah, témoin de la même réalité dure et meurtrière, mais aussi de la même puissance de Résurrection et de réconciliation, quoique de l'autre côté de la barrière.

Cette « impossible possibilité » d'aimer et de pardonner, voilà le message et le témoignage dont nos cœurs auront toujours soif au creux de notre enfer. Que de livres parus sur cette guerre ! Que d'encres odeur et couleur de sang calciné ont coulé et couleront encore pour expliquer ou justifier l'implacable réalité de cette explosion « logique » de haine, de destruction, de détresse ! Ces encres peuvent irriguer certains cerveaux, mais elles ne laveront jamais nos cœurs : « Tu nous as créés pour toi, Seigneur, et notre cœur est inquiet jusqu'à ce qu'il repose en toi » (saint Augustin).

Avait déjà paru, au plus fort de la mêlée, un livre écrit en langue arabe par le Père Halim Abdallah, essayant, à travers des faits vécus et des témoignages glanés parmi les différentes confessions, nationalités, parties liées ou en conflits, de nous dévoiler l'autre visage de la guerre, celui dont parle si rarement la presse et les mass média, celui pourtant si vrai de l'Amour plus fort que la mort et dont nous avons si souvent été les témoins, Dieu merci !

Et voilà que ce livre du Père Labaky révèle, à son tour, aux lecteurs de langue française, qu'aimer et pardonner, c'est échapper à l'impasse désespérante où aboutit toute relation humaine, lorsque nous la coupons de ses racines de tendresse et de la Source jaillissante du côté transpercé du Crucifié.

Avec Haïtham, Karim, Joumana et Fadi, le Père Labaky veut nous redire qu'il est possible – que ce n'est nullement un rêve, une illusion, une utopie ! – d'interdire à l'état de péché de prendre consistance dans notre pays ou ailleurs, en figeant les cœurs. Nos cœurs n'ont-ils pas été créés de chair et façonnés par les mains mêmes de Dieu, pour être souples et tendres de la souplesse et de la tendresse de l'Esprit, et non rigides de la rigidité que seule sait imposer la mort ? C'est dans ce courant de l'Esprit qui planait à la surface des eaux et ne cesse, depuis les origines de la Création, de mettre les cœurs en mouvement, que le Père Labaky veut nous « plonger ». Baptisés, nous avons été « plongés » dans la mort du Christ pour ressusciter avec lui. Le Père Labaky nous rappelle que la justice de Dieu est toute différente, si différente de celle des hommes. Saint Isaac le Syrien allait jusqu'à dire : « Dieu n'est pas juste, il est amour sans limites ». Et qu'est-ce qu'être juste sinon accepter sans cesse de s'ajuster à ce Dieu et de se mettre sur la même longueur d'onde de « l'Esprit qui redonne vie aux ossements desséchés pour en faire un peuple debout et en marche » (Ez 37) ? Ondes ininterrompues de pardon et de prière, d'amour et de tendresse, seules capables de dissoudre la raideur, la laideur et la lourdeur des cœurs les plus endurcis. Là réside, en définitive, le seul péché : refuser de se faire attentif à la puissance de Résurrection et à l'immensité de l'amour et du pardon divins qui s'offrent sans cesse à nous, pour que nous devenions, à notre tour, porteurs de ces mêmes dons à nos frères, à tous nos frères. Les saints de tous les temps n'ont rien fait d'autre de leur vie.

Le Père Antoine Chevrier faisait remarquer que c'est le raisonnement qui tue l'Évangile... et c'est parce qu'il y a tant de raisonneurs qu'il y a si peu de saints. « Dieu, à en croire Quohelet, a fait l'homme simple ; et c'est lui qui cherche bien des calculs » (7, 29).

Où sont les raisonneurs de ce siècle ? se demande saint Paul en contemplant le mystère de la Croix.

Oui, le raisonnement tue l'Évangile et, avec lui, la Vie, toute vie.

Seule la blessure du Christ peut guérir nos blessures les plus profondes. Non en les fermant, loin de là ! mais en les rendant ouverture, la seule ouverture par laquelle Dieu pénètre pour nous forcer à sortir de nous-mêmes ; en les rendant source de tendresse, abondante et intarissable comme la plaie ouverte du côté du Crucifié : source de toute Aïn el Farah, ici-bas. « Le secret du cœur est livré par les ouvertures du corps », dit saint Bernard en contemplant les plaies du Christ en Croix et du Christ glorifié. Et les clous devenus des clés qui ouvrent sur la lumière, nous font toucher du doigt cette tendresse qui seule redonne une âme à l'amour et l'amour à chaque âme.

« Comment aimer ? » se demande Abouna en regardant les enfants de Kfar Sama blottis contre le tabernacle.

« Comment aimer de l'amour qui donne une âme ?

O enfants de toutes les Croix du monde, la réponse est en vous, qui implorez l'amour tout au long de vos blessures.

Elle est en vous et elle est vous, parce que vous priez encore à travers vos larmes.

Elle est vous, parce que vous savez pardonner. »

« Si vous ne changez et ne devenez comme les enfants, non, vous ne rentrerez pas dans le royaume des cieux » (Mt 18, 3).

Saint Isaac le Syrien nous dit ce que vous savez si bien, Joumana et Fadi : « L'escalier qui monte au Royaume est caché au plus profond de ton cœur. »

« Plus que toute chose, veille sur ton cœur, nous recommande le livre des Proverbes, c'est de lui que jaillissent les sources de la vie » (4, 23).

« Heureux les cœurs purs : ils verront Dieu...

Heureux ceux qui font œuvre de paix : ils seront appelés fils de Dieu » (Mt 5).

« Je suis venu pour que les hommes aient la vie et qu'ils l'aient en abondance » (Jn 10, 10).

« Et cette vie s'imposa à Fadi dans le fracas des bombes qui n'arrêtaient pas de faire pleuvoir la mort sur Kfar Sama. Il s'agrippa aux épaules de Joumana et ses mains glacées reconnurent sa tendresse avec un étonnement indicible. Il ferma les yeux comme pour mieux la retenir et s'en imprégner. Puis doucement, très doucement, il l'entoura de ses bras tremblants.

N'aie pas peur, dit-il. Tu vois bien que ça ne peut pas être l'enfer, chez nous, puisque nous nous aimons. »

Père Mansour Labaky, merci d'aplanir dans nos cœurs qui ont faim et soif de justice, ces merveilleux sentiers de lumière qui mènent droit à Aïn el Farah.

PÈRE MAKRAM KOZAH
Prêtre Maronite du Prado

« Une multitude de montagnes ondulant à perte de vue »

PREMIÈRE PARTIE

LE VILLAGE

Il était une fois un petit village libanais, niché sur le flanc boisé d'une merveilleuse montagne.

Il naquit un soir – ou un matin ? – enfoui dans le lointain des âges, nul n'aurait su dire quand.

Dame Nature, conviée à son baptême, lui offrit des paysages : la mer et une multitude de montagnes ondulant à perte de vue.

Elle déposa aussi, dans son couffin de verdure, des maisons à arcades, coiffées de tuiles rouges, un air plus pur que diamant de calife, des cascades enchantées, des oiseaux et des fleurs.

Rien que de très archaïque, en somme !

Pour finir, elle l'appela Kfar Sama. Allez donc savoir pourquoi !

*

Ce petit village grandit en âge et en sagesse. Dès ses premiers balbutiements, il entreprit de tisser des jours paisibles, chamarrés de labeur, de prières et de chants.

Comme tous les gens heureux, il n'avait pas d'histoire !

Et pourtant !

Ses étés fleuraient le printemps ; ses hivers se paraient de mordorés d'automne et de roux ravivant les verts panaches des pins, et de neige, parfois, selon l'humeur des vents, qui plumaient les nuages pour complaire aux enfants.

Ah ! bonne était la vie... et profonde et féconde, dans ce petit village libanais, niché sur le flanc boisé d'une merveilleuse montagne.

*

Les habitants de Kfar Sama étaient doux et humbles de cœur, lents à la colère, prompts à l'apaisement.

Ils étaient, aussi, débordants d'amitié et d'accueil, normalement bavards, curieux, travailleurs, sobres, honnêtes et fanfarons.

Ils pratiquaient l'entraide et le partage, les chants et les danses du terroir , le zajal (5), le trictrac, l'artisanat, la culture des légumes et des fruits.

Ils aimaient l'odeur de la terre à la première pluie d'automne, les couchers de soleil empourprant l'horizon, les fruits cueillis sur leurs branches et toutes les splendeurs que Dieu leur avait données en héritage.

A de rares exceptions – sans doute pour confirmer la règle – ils ignoraient l'ambition, l'insomnie et la haine.

*

Ces braves paysans avaient d'étranges coutumes.

Écoutez !

A table, ils gardaient toujours une place inoccupée. C'était, disaient-ils, pour l'ami, le parent, le pauvre ou n'importe quel passant qui franchirait leur porte à l'heure du repas. Il verrait, ainsi, qu'il était attendu et

5. Sorte de joute poétique dialectale improvisée, chantée, rythmée et rimée, entre deux ou plusieurs partenaires. Au Liban, le Zajal est la poésie populaire par excellence.

Des maisons à arcades

que loin de tomber comme un cheveu dans la soupe, sa place était prête et sa présence bienvenue.

Écoutez encore !

La nuit, une lampe veillait à l'entrée de chaque maison.

Depuis belle lurette, les citadins noyés dans la rumeur des villes, et les riches barbelés de privilèges et de chiffres n'entendaient plus le langage irrationnel de ces lumières désuètes.

Elles disaient :

« Ma maison est ta maison, ô frère passant dans la nuit. Si tu es las, si tu as faim, si tu as besoin d'aide ou d'amis, entre et sois le bienvenu. »

En vérité, en vérité, ils étaient bizarres, ces êtres du temps jadis, naïfs et archaïques comme leurs paysages.

*

Et pourtant !

Ils ne boudaient pas le progrès.

A Kfar Sama, l'avènement de l'eau courante et de l'électricité – bien, bien, bien longtemps après les villes et les villages importants du pays et la découverte, outre-mer, de la bombe atomique – donna lieu à des liesses mémorables. On dansa fort tard sur la place du village, aux sons du oud (6), du derbaké (7) et du nay (8). Le zajal éployait ses coulées poétiques, et les rainettes des ruisseaux, sensibles à l'euphorie, ronflaient béatement au rythme des tambourins.

Quant aux voitures automobiles, elles ne mirent pas les ânes au rancart, tant s'en faut ! Simplement, Kfar Sama apprécia avec beaucoup de dignité et une pincée d'ivresse, les innombrables services qu'elles proposaient en toussant.

Chouey, chouey (9), des machines diverses s'insérèrent dans la cadence du village. Elles modifièrent certaines formes de travail, mais non point le fond des caractères.

Les machines, c'est connu, ne font qu'une bouchée de l'homme et de la nature. Mais les paysans montagnards, c'est aussi

6. Genre de luth arabe.

7. Genre de tambour arabe que l'on bat alternativement avec les paumes et les doigts des deux mains.

8. Flûte orientale en bois.

9. Petit à petit.

connu, ont des racines qui plongent au plus profond de la terre. Il faut du temps, de la patience et des tonnes de ruse pour en venir à bout.

*

Ainsi donc, à dos d'âne ou en voiture, Kfar Sama allait son train de sénateur, le nez au vent des cimes et l'âme aux sources de Dieu.

Ecoutez encore :

Car, aussi vrai que le soleil éclaire le monde, Dieu vivait avec ces gens-là.

C'est qu'avec leur manie des courants d'air et l'enfantine candeur de leur mode relationnel, Dieu n'avait pas besoin de tirer les sonnettes ou de montrer patte blanche, pour obtenir droit d'accueil.

Le poète dit : « Tant qu'un roseau est cloisonné, il ne reçoit pas de secrets et n'est pas sonore en réponse à la lèvre et au souffle. »

Et nos amis d'affirmer : « Tant qu'un homme ferme son cœur et sa maison, il demeure étranger à ses frères et ne peut prétendre accueillir Dieu. »

Ainsi donc, bon an, bel an, les saisons filaient la quenouille du temps, et les aurores chantaient l'éternité de ces êtres qui sentaient leur vie avec certitude, parce qu'ils aimaient, tout simplement.

*

Lorsque la guerre arriva, Kfar Sama eut du mal à admettre son existence. La guerre dépassait son entendement.

Kfar Sama la refusa de toute son âme, de toutes ses prières et de toutes ses larmes. Et lorsque ses maisons furent détruites et la plupart de ses paysans décimés, il comprit que pleurs et révoltes n'avaient pas la moindre chance d'apaiser la folie des hommes.

Il comprit qu'il fallait aimer tant et plus, donner tant et plus, pour que l'amour et le don submergent la terre d'un océan de lumière.

Car, c'est lorsque l'on cesse d'aimer que commencent les ténèbres de la mort.

La guerre gronda un matin d'avril, alors que les cloches de Pâques repliaient leurs ailes et que les boutons d'or emperlaient les prairies.

De quels espaces brûlés, de quelles promesses secrètes surgissait-elle ainsi, empanachée de flammes, sur son noir destrier aux flancs lourds de menaces ?

Sa ronde insensée n'a donc point de fin ?

De l'Orient à l'Occident, des forêts vierges aux plus lointaines des îles, elle tourne, tourne, tourne... et prend les richesses de la terre, et prend les richesses des hommes, pour les transformer en outillage de mort.

Et les hommes s'engouffrent dans ses sombres arènes, âmes éteintes, corps rompus à ses joutes sanglantes, et courent, courent, courent... peuples à l'assaut des peuples, frères à l'assaut des frères.

Et pourtant ! le même Dieu dans le ciel,

le même ciel pour toute la terre et des myriades d'étoiles pour l'infini de chaque être.

Elle gronda un matin d'avril !

O cloches de Pâques, Rédemption et Résurrection, agneaux immaculés sur les frais pâturages, arbres en bouquets et poussins d'or, duveteux et doux comme le sourire d'un enfant.

« Heureux les doux : ils auront la terre en partage.
Heureux les pacifiques : ils auront le ciel en partage. »

Elle gronda un matin d'avril !

Que venait-elle chercher dans ce Liban minuscule, vert et bleu comme une libellule, à l'heure où la rosée butinait le trèfle des prés ? Ses sources ? Ses mille soleils plus grands que son ciel de pervenche, ou ses pluies pour la soif de ses rêves de moissons ?

Que cherche-t-elle d'un bout à l'autre de la terre ? La mort des aurores sous des cieux écroulés ? Ou la mort des hommes dans un abîme de ténèbres ?

« Lorsque Dieu commença la création du ciel et de la terre, la terre était déserte et vide, et la ténèbre à la surface de l'abîme. Dieu sépara la lumière de la ténèbre. Il y eut un soir, il y eut un matin. »

Elle gronda un matin d'avril !

La lumière, à nouveau, rejoignit la ténèbre. Il n'y eut plus de soir, il n'y eut plus de matin. Et les lampes, dans la nuit, perdirent leur raison d'être, et les portes grandes ouvertes gémirent en se heurtant à d'insolites verrous.

Et Dieu se voila la face !

Ceux qui savaient, ceux qui l'espéraient l'acclamèrent comme une reine. Cœurs fermés depuis longtemps, ils s'empressèrent d'ouvrir les vannes des arsenaux de l'enfer.

Les autres, avec Dieu, se voilèrent la face.

Mais dans leur nuit sans étoiles, ils allumèrent les lampes d'Allah, avec l'huile du partage, des prières, des chants et des larmes.

Au-delà du chaos, au-delà de toutes guerres, elles luisent doucement, douces aurores éternelles. Elles ont des yeux d'enfants et des voix de mamans. Elles prennent les souffrances et prennent la mort, et créent un ciel parsemé de tendresse, pour les êtres perdus dans une nuit sans nom.

Elles sont là ! Il suffit d'ouvrir son cœur, de dire « non » à la haine, pour voguer avec elles sur les sept océans, où les morts n'ont plus peur car ils se savent vivants.

*

Hier...

Il était six heures : l'heure de Aïn el Farah (10).

Les jarres perchées sur leurs épaules, les femmes de Kfar Sama défilaient devant la source.

Elles se racontaient mille petites histoires, mille fois ressassées, mille fois écoutées avec le même intérêt et les mêmes exclamations d'approbation ou de reproche.

C'était leur vie qu'elles dévidaient ainsi à la brise du soir, en même temps qu'elles remplissaient leurs jarres.

Pour se désaltérer, pour diluer les sirops de mûres, de cerises, d'oranges ou de citrons doux ; pour noyer l'arak (11) dans de minuscules verres finement ciselés, rien ne valait l'eau pure de la source.

10. Source du Bonheur.

11. Boisson nationale à base de raisin fermenté et d'anis.

« Bois dans le bonheur et la paix, ô mon frère, mon père, mon enfant, ma sœur, mon époux.

Bois dans le bonheur et la paix, ô frère inconnu qui honore notre toit par ta présence confiante.

Ce sont les mûres de notre jardin et l'eau de Aïn el Farah.

Elle vient à la lumière dans le boqueteau de platanes et de peupliers, là où la montagne se creuse pour lui faire un chemin de fête.

Elle vient du cœur de la terre.

Bois avec ton âme aussi bien qu'avec ta bouche, ô mon frère, car elle draine la terre et le ciel, le bruissement des peupliers, le chant des oiseaux et la limpidité de l'amour d'Allah.

Vois comme elle est fraîche et transparente ! Je l'ai recueillie à l'heure où l'étoile du berger préside au coucher du soleil.

Vois comme elle est pure et fraîche ! Puisse-t-elle purifier ton âme dans le bonheur, la paix et la prospérité des humbles. »

Hier...

Ainsi parlaient les femmes de Kfar Sama, car elles savaient depuis toujours qu'offrir l'eau de la source, c'était offrir la Vie.

*

La vie, elles en connaissaient le poids et l'inestimable valeur.

Levées à la pointe de l'aube, elles tissaient, jour après jour, le bien-être de leur petit monde.

Fatiguées ou pleines d'entrain, elles lavaient, cuisinaient, préparaient les conserves saisonnières, rapiéçaient, allaitaient, berçaient, réconfortaient et priaient sans jamais se plaindre.

Elles savaient qu'elles tenaient les lampes de leurs foyers entre leurs mains fécondes, et les vénéraient à l'égal d'un ostensoir.

La paix et la belle santé de leurs maisonnées étaient leur bien le plus précieux. Et leur patience et leur indulgence avaient la majestueuse opulence d'un fleuve irriguant une plaine.

Elles étaient ciboire, crèche et champ de blé, lorsqu'avec Marie, dans le silence où germent les promesses, elles savaient porter Dieu et le monde d'une seule étreinte de leur regard.

*

La vie, elles en connaissaient le doux poids et l'incomparable lumière.

Elles l'entendaient avec une certitude émerveillée dans les premiers vagissements de leurs nouveau-nés.

Qui peut parler de mort, à la naissance d'un petit d'homme ?

Qui peut parler de néant, à l'éclosion d'un sourire ?

Qui peut parler de l'absurdité de la vie, lorsqu'une mère allaite son enfant ?

Lorsque quiconque donne une parcelle de son être ?

Qui peut parler de guerre lorsque, suivant leurs mères à la Source du Bonheur les enfants portent les gargoulettes et boivent à longs jets, éclaboussés d'eau vive, de rires et de tendresse ?

*

Hier...

Ils étaient heureux !

Ils ne savaient pas encore la cruauté de ceux qui ne craignent pas de donner la mort.

Ils croyaient avec leurs mères que tous les hommes étaient leurs frères.

Ils croyaient avec leurs pères qu'animés du souffle de Dieu : « Tout ce que désignait l'homme avait pour nom : *être vivant* ».

Leur monde était grand, grand comme Kfar Sama, avec la mer à ses pieds et son front dans les nuages.

Leurs rires étaient perlés, perlés comme Kfar Sama, avec ses cascades d'affection pétulante.

Leurs jeux étaient riches, riches comme Kfar Sama, avec les inépuisables trésors de ses bois touffus et leurs grottes mystérieuses, emplies de chuchotis.

Leurs prières étaient ferventes, ferventes comme Kfar Sama, qui puisait ses offrandes à même la source des cœurs.

Les enfants portent les gargoulettes
et boivent à longs jets

Hier...

Ils étaient heureux, en harmonie naturelle avec la paix d'Allah.

Et l'heure de Aïn el Farah musait, légère et froufroutante comme un abricotier en fleurs.

Aujourd'hui...

Le bonheur planait, étrangement irréel et immobile, comme retenu au bord d'un gouffre inéluctable.

Et les enfants découvraient, en même temps que la peur, l'incroyable facilité de tuer une âme et son éternité d'amour, lorsque la nuit de la haine détruisait son soleil.

*

Hier...

Les hommes de Kfar Sama trouvaient que le pain gagné à la sueur de leurs fronts – dans la joie et la peine, la sérénité des montagnes et la gratitude de leurs cœurs – avait l'arôme d'une prière lorsqu'il nourrissait leurs enfants.

Et la mort, au bout du chemin, était dans l'ordre de la vie. Car l'homme, de même que le grain, devait retourner à la terre pour que jaillisse son envol vers la lumière.

Et cela était bien ainsi !

*

Demain...

Y aurait-il des demains pour les peuples grisés de processus de mort qu'ils fabriquent à la chaîne ?

Y aurait-il des demains pour les surhommes d'aujourd'hui, qui poussent l'ignominie jusqu'à armer sciemment et systématiquement des enfants ?

Y aurait-il des demains pour les hommes faucheurs d'hommes et de leurs propres âmes, parce qu'ils ne croient plus que tuer, c'est mourir doublement : à la terre et à la lumière infinie ?

« Rabbi, que dois-je faire pour recevoir en partage la vie éternelle ?

– Tu aimeras ton Dieu de tout ton cœur, de toute ton âme et de toute ta pensée et ton prochain comme toi-même.

Fais cela et tu auras la vie. »

Hier, aujourd'hui, demain... tu reçois la terre et le ciel en partage. Et voilà que de l'Orient à l'Occident, des forêts vierges aux plus lointaines des îles, « la voix du sang de ton frère crie du sol vers moi. Qu'as-tu fait de lui ?

– Rien, Rabbi ! Ce n'est pas de ma faute ! Qu'y puis-je si le monde sème la haine et récolte les armes ? Qu'y puis-je si chacun de nos pas déclenche une hécatombe ? »

*

Hier, aujourd'hui, demain... les âmes de Kfar Sama prient avec tous les doux de la terre :

« Rabbi, tu nous as donné des mains pour créer à ton image et faire sourdre de la terre les substances de la vie.

Tu nous as donné des mains pour les remplir et les ouvrir à tout venant, et non pour réduire les êtres et les paysages en lambeaux de désolation.

Tu as mis ta paix et ta bonté entre nos mains. Ne nous laisse pas l'oublier. »

*

DEUXIÈME PARTIE

GEDDO

Captivantes sont les histoires dont les premiers mots présagent des épilogues de paradis retrouvé : « Il était une fois un village... une maison... des gens... ils vécurent longtemps dans la paix et le bonheur ».

Ainsi commence l'histoire de Kfar Sama. Mais des orages venus d'ailleurs lui ravirent sa fin sans nuages.

Sa fin ? Que nenni ! A l'heure où je vous parle, ce village en ruines n'a pas rompu le fil de son histoire. Car si l'amour n'a ni commencement ni fin, une histoire de Vie ne saurait avoir de fin.

*

Écoutez encore !

Le soir tombe. Le soir tout en nuances du printemps. Le huitième printemps depuis la venue de la guerre dans notre pays. Le troisième depuis la destruction de Kfar Sama. Et la guerre n'a pas encore tourné bride. Elle rôde toujours, à la recherche de quelques parcelles de terre encore intactes. Elle se fiche éperdument du temps qui accroît les souffrances. Elle se fiche éperdument du jour ou de la nuit. Elle se fiche éperdument du rire émerveillé d'un enfant découvrant les premières violettes. Elle ne reconnaît ni les heures, ni les saisons, ni les prières. Elle ne reconnaît que les terres brûlées. Et la mort.

*

Le printemps !

Une fois de plus, la terre s'éveille de son long sommeil hivernal. La vie renaît dans les plaines, escalade tout doucement les montagnes, et les blanches cimes se nacrent d'or et d'argent au soleil levant. Bientôt, elles quitteront leurs mantes d'hermines et revêtiront leurs tuniques aux couleurs d'arc-en-ciel.

Le printemps !

Qu'en est-il du printemps des hommes ? Qu'en est-il de leurs guerres dans la pure brise du renouveau ?

Partout, les fleurs entrouvrent leurs corolles, moirées d'azur, de nuages en houpettes, de rosée en glycines. Partout, les sources fredonnent leurs barcarolles et les labours modèlent les champs en patènes de moissons.

Partout, la vie ! En radiances, en fragrances, en symphonies. La terre reposée accueille les semailles et la guerre répand la mort, encore la mort, toujours la mort.

Qu'en est-il du printemps des hommes ?

*

On dit tant de choses pour justifier les guerres.

On dit tant de choses pour justifier les souffrances et les misères.

On dit tant de choses... qui deviennent le Credo d'un monde qui a peur et qui fait peur.

Mais ce que veulent bien croire les raisons est souvent inadmissible pour les cœurs, surtout pour les cœurs simples, ignorants des fluctuants intérêts qui morcellent la terre.

Kfar Sama, par exemple, fonctionnait trop peu au niveau de telles spéculations pour admettre le bien-fondé de n'importe quelle guerre. Kfar Sama, avec tant d'autres petits villages de la terre, naïfs et archaïques comme leurs paysages, gardait un cœur d'enfant qui battait au rythme de sa foi, de ses tendresses et de la nature ; un cœur qui avait la patience des hivers couvant les semences et la chaleur des étés mûrissant les promesses. C'est pourquoi en dépit de l'aura de la terre, si dense de conflits, si opaque d'injustices qu'elle parvient à nous masquer le ciel, Kfar Sama continuait à palper le ciel à travers son amour et son respect de toutes choses.

*

Enfants du Liban, vous savez que des Kfars Sama, il en existait encore des tas dans nos montagnes. Je ne dis pas qu'ils représentent l'archétype du bonheur. Mais je prétends que toute communauté où chaque personne est aimée et respectée pour elle-même ; où tout nouveau venu est accueilli comme un frère ; où les différences, loin d'être facteur de concurrence, deviennent complémentarité au service de tous, là se trouve le Royaume d'Allah. Et dans ce Royaume, il est impossible de jamais comprendre que l'on puisse dresser les hommes à s'entre-tuer. Cela ne s'explique ni par la raison, ni par le cœur, ni par la fatalité.

Tout naïf qu'il était, Kfar Sama n'en pensait pas moins que la guerre était une défaite en elle-même, une abdication de l'Esprit en nous.

Et la guerre joua longtemps, cruellement avec Kfar Sama. Comme un chat avec une souris. Quelques obus par-ci... quelques autres par-là... quelques vergers roussis... quelques toits rasés... quelques arrestations inexpliquées et sans doute inexplicables... et la peur, d'autant plus aiguë que la mort semblait venir de partout et de nulle part.

Au fil des jours, le village perdit son auréole de conte. Mais il ne perdit pas son âme. Sa première grande blessure fut la mort de Karim, un jeune garçon d'à peine quinze ans ; Karim qui rêvait de devenir cultivateur, de savoir lire dans les vents et les nuages et de faire – peut-être... un jour – le tour de la terre. Dans sa tête, il y avait cent mille paysages et des gens de toutes les couleurs.

Dans son cœur, il y avait sa foi, son village et toutes ses tendresses, la musique des flûtes et le zajal.

Un jour donc, Kfar Sama reçut son premier obus. Il tomba dans les vergers surplombant Aïn el Farah, à l'heure où les femmes remplissaient leurs jarres.

Karim s'attardait à la cueillette des amandes et Mariam, sa mère, l'apercevant depuis la source, le hélait de son mendil (12), emplie du sentiment d'émerveillement et de gratitude qui la saisissait toujours à la vue de ses enfants.

Une seconde plus tard...

*

Avec la mort de Karim, c'est la mort par la guerre qui endeuilla le village : brutale, incompréhensible, inadmissible.

Jusque-là, malgré les bruyantes lamentations sur deux notes des pleureuses et leurs

12. Fichu oriental à bordure ajourée et souvent garnie de minuscules perles de verres multicolores.

grands gestes de douleur, les morts de Kfar Sama ne faisaient pas peur aux enfants. A Kfar Sama, on ne leur cachait ni la vie ni la mort. Fadi et Joumana, les cadets de Karim, se souvenaient sans trouble de leur téta (13), partie lorsqu'ils étaient tout-petits. Elle semblait dormir paisiblement, même qu'elle n'avait plus de rides. Hanna, leur père, leur avait expliqué que son âme était légère et reposée parce qu'elle avait beaucoup aimé sur la terre, qu'elle avait aidé et soigné beaucoup de gens et jamais fait de mal à personne.

Tous les soirs, la famille priait pour téta ou l'invoquait comme une sainte. Geddo (14) assurait qu'elle avait fait des miracles. Lorsque ses petits-enfants lui demandaient lesquels, il répondait que téta n'avait certes pas changé de l'eau en vin, mais qu'elle avait réussi à changer quelques pierres en cœurs.

Fadi et Joumana étaient encore trop petits pour comprendre, mais Karim riait au souvenir de sa téta indignée, lorsque Geddo lui conseillait de se reposer un tout petit peu. « J'ai l'éternité pour cela,

13. Grand-mère.

14. Grand-père.

mon homme ! » s'écriait-elle en le toisant fièrement. « Pourquoi veux-tu m'enlever les joies de mes vieux jours ? »

A la mort de Karim, Geddo se tassa d'un seul coup. Il se mit à parler tout seul dans la maison et sur les chemins. Il ne radotait pas : loin de là ! Mais il appelait tous les jeunes « Karim » et les accueillait avec une joie touchante.

Joumana passait des heures auprès de lui. Elle n'osait trop s'aventurer hors de chez elle. Après la première bombe, il y en eût d'autres... beaucoup d'autres. On ne savait jamais à quel moment elles pouvaient arriver. Jusqu'à présent, elles tombaient dans les bois et les vergers. Un jour, elles pourraient aussi bien écraser les maisons. Et alors...

Joumana s'asseyait près de Geddo et posait sa tête sur ses genoux. Mariam lui avait demandé de l'entourer autant que son petit cœur le pouvait. Elle lui avait aussi demandé d'entourer Fadi qui paraissait si absent à tout. Et Joumana allait de l'un à l'autre, le cœur gonflé d'amour et les yeux remplis de tristesse. Elle posait sa tête sur les genoux de Geddo et écoutait ses monologues. Elle posait sa tête sur l'épaule de Fadi

Pourquoi veux-tu m'enlever
les joies de mes vieux jours ?

et écoutait ses silences, ponctués de réflexions bizarrres. Mais dans sa détresse, elle avait les bras de maman, le soir, et son regard reconnaissant, le jour. Et ses prières ne doutaient pas de l'amour d'Allah.

*

Quelque part dans Kfar Sama, un coq chanta.

Geddo s'éveilla aussitôt et pria : « Béni sois-tu, Allah, pour ce jour nouveau. Fais qu'avec ton aide, nous le vivions dans le bon, le beau et la paix. Amine (15). »

Quelque part dans Kfar Sama, un autre coq chanta.

Geddo aimait cet appel primitif et triomphant dans le silence des aubes montagnardes. Il claironnait une mystérieuse certitude, en même temps qu'une invite à saluer la renaissance du jour. Geddo se leva, enfila ses babouches de cuir châtain, sa chemise blanchie au bleu de lessive et son cherwal (16) noir, retenu à la taille par une longue et large ceinture qui lui servait de poche à l'occasion. Il tenait à ces anciens vêtements, si pratiques pour le travail des champs.

15. Amen.

16. Pantalon arabe bouffant, resserré au niveau des mollets jusqu'aux chevilles.

Dans la maison, il faisait encore sombre. Tout le monde dormait, sauf Mariam. Elle avait sans doute déjà moulu le café du matin et ranimé les tisons du poêle de la cuisine.

Mariam !

Autrefois, sa vive gaieté enchantait Geddo. Mariam était heureuse de vivre ; heureuse de son époux et de ses quatre enfants ; heureuse de la pluie et des légumes de son jardin ; heureuse de ses mendils bordés de minuscules perles et des sachets de lavande qu'elle glissait sous ses piles de draps blancs.

Mariam était bien une fille de la montagne, ronde, fraîche et ferme comme une pomme du Sannine (17). Geddo bénissait le ciel et son fils Hanna de lui avoir donné une telle bru. Moins impétueuse que téta, Mariam avait, cependant, la même qualité de tendresse, et ce langage unique et débordant, qui berce le sommeil ou le chagrin d'un enfant ; ce langage chantant qui ignore la syntaxe ; ces mots qui ne sont plus des mots, mais des bulles de tendresse, allant au plus profond d'un être sans passer par l'entendement ; ces bulles d'amour aussi précieuses que le lait maternel.

17. Montagne de la chaîne du Mont-Liban.

Téta – se souvenait Geddo avec nostalgie – marchait droit et ferme, mais n'écrasait personne. Elle avait le franc-parler et la riposte savoureuse des paysannes d'antan, mais aussi l'exquise délicatesse des gens simples, que l'on rechercherait, en vain, dans les manuels du savoir-vivre. Geddo pensait que la vie auprès de téta avait été douce et bonne. Elle lui avait donné quatre garçons et deux filles dans des souffrances normales, sans complications et plaintes superflues. Elle avait distribué quelques onces de punitions et des quintaux de caresses, avec une équité et une fougue remarquables. Et sa nichée s'en portait fort bien !

Plus tard, adoucie par le temps, elle était devenue l'arbre de Noël des grands enfants dispersés dans le village, et le miel au goût de fête de ses petits-enfants.

Chaque naissance dans la famille l'exaltait autant que la première. Elle l'annonçait comme un prodige exceptionnel et s'exclamait invariablement : « C'est un garçon, il est beau comme son père ! » ou « C'est une fille, elle est belle comme sa mère ! » Et les mains en porte-voix, elle lançait aux quatre vents les traditionnelles vocalises de joie.

Eh oui ! la vie continuait malgré la mort, et les souvenirs réchauffaient les vieux cœurs.

Les souvenirs ?

Autrefois, Mariam accueillait Geddo d'un joyeux : « Matin de prospérité, beau-père ! » Elle lui tendait une tasse de café fumant et disait : « Puisses-tu le boire dans le bien et le bonheur ! » Et Geddo répondait avec ferveur : « Matin de prospérité, ma fille. Qu'Allah prolonge ta vie et celle de tes enfants. »

Autrefois, lorsque Geddo maudissait la guerre et pleurait l'avenir perdu, Mariam le secouait gentiment : « Allons, beau-père ! Ne noircis pas le jour avant qu'il ne soit terminé. Nous avons besoin de toute notre foi. Ne l'affaiblissons pas en plaintes. »

Autrefois... c'était au printemps de l'année dernière. Depuis, l'été avait perdu son soleil et le jour était terminé.

Le jour, c'est-à-dire l'espoir, le courage, la faculté de sentir la vie en soi et autour de soi, et de l'aimer.

Autrefois... c'était avant la mort de Karim. Avant la mort insensée de milliers d'enfants, sur une terre plus douce que le souffle du zéphyr.

« Karim, lumière de mon cœur, murmura Geddo, que brille pour toi la lumière qui n'a pas de fin ! Téta est morte et bon nombre d'êtres chers, qu'Allah leur soit miséricordieux ! J'ai eu beaucoup de chagrin, mais leur départ était dans l'ordre des choses. Téta est partie dans la paix parce que l'huile de sa lampe était épuisée et qu'elle avait accompli avec foi et confiance sa tâche sur terre. Et tout semblait bien, ainsi. Infiniment triste, mais bien. Moi aussi, mon huile est à sa fin. La terre m'attend et le ciel – puisse-t-il me pardonner mes manques et mes faiblesses ! Je dormirai dans la bonne terre de notre village à l'odeur de menthe et de thym, et ce sera dans l'ordre de la vie.

Mais toi, prunelle de mon âme, était-ce dans l'ordre de la vie qu'on te tue ? La guerre est-elle dans l'ordre de la vie ? Est-ce la volonté du ciel ?

Non, mon enfant, Allah ne veut pas qu'on tue, pas plus qu'il ne veut qu'on se donne la mort. La nuit de la Nativité, les anges ont chanté : « Paix sur terre aux hommes de bonne volonté ». La paix, mon enfant, c'est l'amour et la justice. Un homme juste est plein d'amour, il ne pourrait l'être autrement.

Non, lumière de ma maison, la guerre n'est pas œuvre du ciel. Elle est œuvre de l'homme rongé par l'ambition. Tu sais ce qu'on dit chez nous : « Ne te laisse pas asservir par l'ambition, alors qu'Allah t'a créé libre ». L'ambition morcelle les hommes et la terre. Elle crée la chasse à l'homme. Elle est sourde aux cris des blessés. Et les cris de douleur tournent en cris de vengeance. Et la vengeance brandit à son tour l'étendard de la violence. Au nom de la justice et des droits de l'homme.

Et les guerres n'en finissent plus.

Je ne suis qu'un vieil homme, mon enfant, ignorant et simple. Mais je sais que les droits de l'homme se trouvent dans les Commandements du Seigneur :

« Tu aimeras ton Dieu et ton prochain comme toi-même... Tu ne tueras point... Tu ne voleras point... »

Est-ce là commandements d'un autre âge ? Nous autres, gens de la terre, nous y voyons la justice et le véritable respect des droits de tout homme :

Non seulement tu ne porteras atteinte ni en actes ni en paroles à la vie d'autrui, mais tu feras tout ce que tu peux pour la protéger et contribuer à l'éclosion de ses fruits.

L'indifférence comme la haine est lourde de ténèbres.

Non seulement tu ne voleras point, mais tu seras attentif aux besoins des plus faibles et des plus démunis que toi.

L'égoïsme, comme le vol, dépouille ton frère.

Est-ce là conceptions inconciliables avec l'intelligence de l'homme ? La guerre est-elle l'inévitable route du triomphe de ses droits ?

*

Écoute le chant du coq, toi le chant de notre espérance. Écoute le jour qui vient par-delà les montagnes. Ta mère m'attend pour le café du matin. Nous ne parlons pas de toi. Pas encore ! Nous te parlons chacun dans le sanctuaire de nos cœurs. Et ton père aussi, sans doute. Car, si nous croyons en la présence d'Allah, nous croyons aussi en la tienne. Tu es là, avec nous. Le poêle de la cuisine ronronne comme d'habitude et dans les jattes de ton enfance, la blancheur du labneh (18) éclate sous les bouquets de menthe et l'or de l'huile d'olive.

Oh ! ce parfum de sous-bois et d'enfance heureuse ; ce doux cadeau, si facile et si bon à partager. N'est-ce là que pauvres bonheurs de pauvres gens ?

Karim, toi qui maintenant vois tout et sais tout, dis-moi quel bonheur et quel équilibre les hommes trouvent-ils dans la violence ? »

*

18. Fromage blanc, crémeux.

Le soir tombe, mon enfant, et l'horizon est rouge. Demain, il fera beau.

L'horizon est rouge et la ville est noire. Demain il fera beau sur un pays déchiré.

Entends-tu le tonnerre des obus ? Encore cette fureur sauvage qu'aucun paroxysme ne brise.

Tu demandais : « Geddo, pourquoi la guerre ici ? Pourquoi la guerre ailleurs ? Personne ne peut l'empêcher ? »

Pourquoi la guerre, Cèdre de mon jardin ? Je ne sais pas. Je ne comprends pas. A Kfar Sama, la politique n'enflamme pas les gens. Au sermon du dimanche, Abouna disait : « Les enfants du Biafra meurent de faim. Que pouvons-nous faire, nous dont la terre donne de si bonnes choses ? Que pouvons-nous faire, nous qui aimons tant nos enfants ? »

Il disait :

« J'avais faim et tu m'as nourri. J'étais nu et tu m'as habillé. »

Nous n'avions jamais entendu parler du Biafra, avant cela. Mais nous savions que la détresse d'un enfant est la même sur les cinq continents. Sa faim n'est pas moins atroce s'il est noir ou couleur d'ambre ; ses cris moins poignants s'il n'est pas notre enfant.

Et nos femmes disaient : « O homme, tu connais le proverbe : « Etre injuste envers un orphelin, c'est l'être envers ses propres enfants. » Nous avons deux grands sacs de bourghoul (19) pour cette saison. Nos enfants – in'challah qu'ils nous enterrent ! – n'ont pas besoin d'autant. Nous pourrions en revendre un et envoyer le prix aux petits d'outremer. »

Et nous répondions : « O femme, la répartition des provisions n'est pas l'affaire des hommes. Donne ce que tu veux ! Donne-le selon ton cœur, non selon la raison. Les comptes de la raison sont toujours pleins d'erreurs. Si ta voisine s'absente, ne serait-ce qu'un moment, et qu'elle te confie son nouveau-né, tu ne le laisses pas pleurer en berçant ton enfant. Tu donnes le sein aux deux bébés en même temps. Et elle fait

19. Blé concassé, précuit et séché au soleil.

L'horizon est rouge et la ville est noire.
Demain il fera beau sur un pays déchiré

de même, tout naturellement. Avez-vous jamais, l'une ou l'autre, pesé le lait ainsi donné ? A défaut de ton lait, donne donc ton bourghoul et aussi de la farine. Va ! Allah envoie par la générosité des cœurs ! »

C'était ainsi pour bien des misères. Et maintenant, ce sont nos enfants qui meurent. Pour qui ? Pourquoi ? Pourquoi la mort de tant d'enfants sur la terre ?

Les guerres, ma lumière, dis-moi quelles sont leurs victoires ? Que défendent-elles que la paix ne saurait sauvegarder ?

*

Karim, mon enfant, regarde tes amis. Ils t'apportent des fleurs. Ils viennent très souvent et Mariam les accueille comme s'ils étaient toi. Ils fleurissent ton portrait et prient un moment près de toi. Ils te disent combien tu es présent parmi nous. Eux aussi demandent : « Pourquoi la guerre ici ? » Je réponds, comme à toi, que je ne sais pas.

Je leur dis que nous ne sommes pas un peuple guerrier. Notre histoire ne s'enorgueillit pas de conquêtes célèbres. Notre histoire raconte que les guerres nous tombaient dessus de l'extérieur. Au cours des siècles, combien de vagues d'envahisseurs ont déferlé sur notre terre ? Les doigts de mes deux mains ne suffisent pas pour les compter. L'important, c'est que notre pays s'est toujours défendu avec foi et courage et que jamais personne n'a réussi à asservir nos cœurs. Jamais personne n'a réussi à ébranler notre amour de la paix. Pense un peu : nous n'avons pas de service militaire obligatoire dans notre pays.

Comment aimerions-nous la guerre sous un ciel si doux ? Vois nos montagnes, ocres et vertes au soleil, mauves et bleues au crépuscule. Les contempler est une prière. Elles nous emplissent de recueillement et du désir de donner ce que nous avons de meilleur en nous.

Vois nos sources. En toutes saisons, elles modulent leurs chants vers l'infini du ciel. Elles nous disent que l'amour est inépuisable et que, comme elles, il n'a ni commencement ni fin.

Vois la mer, si proche et si lointaine. Elle emporte nos rêves et reflète l'absolu de nos âmes. Elle nous dit que l'horizon n'est pas une barrière, mais une possibilité sans limites de dépassement du sensible. Elle nous dit qu'il est bon et beau d'avancer dans la connaissance et les merveilleuses découvertes, à condition de ne pas s'en servir pour détruire.

Non, nous ne sommes pas un peuple belliqueux. Notre être ne vibre pas au son des marches guerrières. Il vibre au son du nay et de la poésie de la moindre de nos fleurs. Notre folklore chante la terre, les moissons, les amours éternelles et la nostalgie de l'émigré. Te souviens-tu du chant de l'émigré ?

« Notre village est auréolé de lumière et s'éparpille sur le sommet d'une colline. Son entrée est un escalier de fleurs. De part et d'autre sur ses paliers, tu vois des roses et des pensées.

Il sourit quand tu apparais et le rossignol accorde son chant aux cascades de ses sources.

O mer, porte mes salutations à la maison de mon grand-père et au mûrier de notre jardin. Dis-leur la douleur de mon exil.

Porte mes salutations à tous les gens du village, et vois si les jours d'autrefois m'ont oublié ou s'ils gardent mon souvenir.

Crois-tu que le curé du village est parti ou est-il encore dans notre voisinage ? Crois-tu qu'il passe chez nous, à la veillée, et qu'il évoque mon nom ?

Crois-tu que la mésange picore toujours notre figuier et que l'alouette fait son nid dans la lucarne sous notre toit ?

Ah, que la vie est belle dans notre village ! »

*

Oui, elle était belle la vie dans notre village. Et qu'elle est belle, notre terre, parée de poésie. Ses flancs ne portent ni pétrole ni métaux d'aucune sorte : ces richesses pour lesquelles les hommes perdent la tête. Ses flancs portent des fruits et des fleurs en abondance. A qui pourrait-elle faire envie, autre qu'aux poètes et aux rêveurs ? Ceux-là ne font pas la guerre.

Nos ancêtres ont découvert la pourpre et non la poudre à canon. Ils ont inventé l'alphabet et non les instruments de torture. Fascinés par le large, ils ont créé des navires plus souples que des anguilles et capté les secrets des vents et des étoiles. L'étoile polaire s'appelait « l'Astre Phénicien ». Quand on interroge les étoiles et qu'on va vers l'horizon, on ne songe guère à construire des forteresses et des remparts. D'un bout à l'autre de notre pays, pas un mur d'enceinte ne brisait le vent du large. Pas une clôture ne séparait ton bien de celui de ton voisin. Les fortifications ornées de meurtrières n'abritaient que les envahisseurs. C'était toujours la première chose qu'ils s'empressaient de bâtir chez nous.

Chez nous qu'importait la provenance ? Nous appelions « frère » l'ami et l'étranger. Allah soit avec toi, frère ! Voilà notre bonjour. Allah te fasse revenir dans la paix, frère ! Voilà notre au-revoir. Allah t'accompagne et te garde, frère ! Voilà nos souhaits.

Allah, nous y croyons tous. Il imprègne nos vies. Alors, dis-moi, colombe de ma maison, comment a-t-on réussi à armer les enfants de notre pays ? Comment a-t-on réussi à répandre la haine dans notre si beau pays ?

*

Entends-tu les cloches, mon tout petit enfant ? C'est dimanche, le jour du Seigneur. Le jour du repos et du recueillement.

Entends-tu les cloches et le tonnerre des explosions ? Entends-tu la peur et les pleurs des enfants de ton pays ?

Leurs yeux sont remplis d'épouvante. Leurs yeux sont la honte des hommes.

Entends-tu les cloches ? Autrefois, les enfants se bousculaient pour se suspendre à leurs cordes. Les jeunes gens prenaient leur élan sur la grosse pierre blanche, polie par des générations de sonneurs, et balançaient les cordes, et s'élançaient encore... et encore... et encore... et nous les regardions, du bonheur plein nos vieux cœurs.

Elles sonnent toujours, malgré la guerre. Et les émigrés les entendent en rêve. Ils chantent toujours, malgré la guerre : « Le village sourit quand tu apparais et les cloches te font fête. Les gens accourent à ta rencontre pour te dire : « Marhaba ! Tu es le bienvenu sur la terre de tes pères. Tu es le bienvenu dans toutes les maisons. »

Ici, tout le monde est le bienvenu et personne n'est seul. Cela est impossible quand les maisons restent ouvertes.

On ne peut pas laisser un enfant, seul dans le noir, quand les maisons restent ouvertes.

Y a-t-il fête ou deuil sous l'un ou l'autre toit, c'est la fête et le deuil de tous les villageois. Chacun apporte son cœur avec un plat spécial, des tabourets, des bancs, des nattes ou des bûches et des cruches pleines d'huile ou de beurre fondu.

Ici, personne n'est seul. Ici, les enfants ont cent pères et cent mères et encore bien plus de geddos et de tétas. Ici, quand il fait froid, ils s'endorment près du poêle de la chambre d'hiver, sur les nattes de laine où dansent les chauds reflets du feu.

Ils s'endorment la tête appuyée sur les genoux de leurs mères, de leurs sœurs ou de leurs tantes, les voisines. Et leur poids est bénédiction du ciel. Ils s'endorment bercés par le crépitement des bûches, le doux ronronnement de la cafetière qui bout en permanence, l'odeur des pelures d'oranges que l'on mêle aux tisons et les voix familières des visiteurs du soir.

Ici, la veillée est la halte privilégiée des heures de Kfar Sama. Les villageois passent d'une maison à l'autre sans frapper à la porte. Ils se touchent le front puis le cœur de la main et disent : « Soir de prospérité, ô voisins ! Chta'na... nous avons la nostalgie de vous. »

Quand il fait beau, on s'installe sous les arbres. Les enfants s'endorment à même l'herbe odorante et la brise du soir joue dans leurs cheveux.

Ici, on ne dit pas aux autres : « Passe par chez moi, un de ces jours ». On dit : « Viens t'asseoir. Viens t'installer dans ta maison ». Car ici, tout le monde sait que « le plus petit logis contient mille amis ».

*

Alors, que vient faire la guerre ici ? Personne ne la veut. Personne ne lui dirait : « Ahlan wa sahlan... tu es la bienvenue, te voici dans ta maison ».

Alors, dis-moi, mon tout petit enfant, quel génie maléfique lui a montré les paisibles rivages de notre doux Liban ?

*

Entends-tu le tonnerre de la mort, colombe de ma maison ? Depuis des heures il roule autour des collines. Et Kfar Sama retient son souffle.

La mer scintille toujours aux pieds des montagnes, mais on ne voit plus la côte, noyée dans la fumée des incendies.

A quand notre tour ?

En ce qui me concerne, je n'ai pas peur de la mort. J'ai peur de la violence. J'ai peur de la mort de l'enfance dans ce monde inhumain. J'ai peur pour les enfants morts vivants des hommes trop puissants de demain.

*

Aujourd'hui, comme tous les samedis, nos enfants ont porté des fleurs et leurs intentions à la Vierge. Joumana m'a lu la sienne en chemin :

« Sainte Vierge, dis aux autres enfants combien on les aime et on pense à eux et on leur envoie tout ce qu'on peut. Dis-leur de ne pas perdre le courage et qu'on prie pour que le Liban redevienne uni et que tout le monde s'aime, Amine. »

Et Fadi, perdu dans sa peur, a murmuré : « Geddo, pourquoi tout cela ? »

Que pouvons-nous répondre ?

« Il y avait une fois, bien loin d'ici, une injustice intolérable qui en a entraîné une autre... et puis une autre... et puis une autre... ?

Il y avait une fois des persécutés devenus persécuteurs... et ainsi de suite... jusqu'à la fin des temps... ?

Il y avait une fois l'avidité et l'orgueil, l'intolérance et l'égoïsme... ? »

*

Il y avait pourtant une fois, l'Amour fait homme. Et cette vie par lui en nous, maintenant et pour l'éternité, si belle, si digne d'aimer et d'être aimée.

*

Fadi a encore demandé : « Puisque la violence ne mène qu'à la mort, pourquoi n'arrêtent-ils pas ? »

L'aberrant dans cette guerre, c'est que « Ils » est aussi flou que le vent. « Ils » change de couleur et de consistance au fil des semaines, quand ce n'est pas au fil des jours. Quoi te dire, Fadi ? La confusion est totale. C'est le propre des guerres. Le propre de tous les conflits, armés ou pas, où les amis d'hier sont les ennemis d'aujourd'hui, et les ennemis d'aujourd'hui, les amis de demain. Amis et ennemis se donnent l'accolade ou s'entre-tuent selon les directions d'où soufflent leurs vents. Et tu entends toujours les mêmes exigences et les mêmes protestations, les mêmes menaces et les mêmes ripostes, l'éternel écho des cymbales de la mort, la même désolation d'un bout à l'autre de la terre.

La paix, est-ce à coups de haine et d'injustice que les hommes espèrent pouvoir l'inculquer à tous les enfants de la terre ? Est-ce à coups de chantage et d'attentats qu'on prétend pouvoir l'imposer au monde ?

Construite sur la haine et la loi du plus fort, la paix restera à la merci de la haine et du plus fort. Autant dire que nous l'érigeons sur un volcan ! Oh ! Fadi, nous voyons la violence et elle nous fait horreur. Nous connaissons la paix et elle est bonheur. Elle est présence d'Allah en nous. Que sommes-nous si nous ne pouvons garder cette présence au moment où elle nous est le plus nécessaire ?

*

Oh ! Karim, malgré la confusion de cette guerre, nous avons cherché à comprendre, nous, simples paysans des montagnes. Nous avons épluché les journaux et les programmes télévisés. Nous avons appris le monde d'aujourd'hui et l'incroyable fouillis de valeurs empoisonnées qu'il sert à nos enfants. D'un côté, pourtant, de si belles choses. De l'autre, ce qu'on nomme liberté est devenu un esclavage de l'âme et du corps sans pareil. Ce monde n'a que faire des prières et des collines verdoyantes. Bientôt, il n'y aura même plus de paysages. Les bases nucléaires, les forteresses en acier, les sources canalisées et les robots pensants seront les fiertés touristiques de tous les pays de la terre.

« Geddo, c'était quoi un arbre ? Geddo, c'était comment une fleur ? »

Voilà ce que demanderont les enfants de nos petits-enfants, en feuilletant leurs livres de contes.

« Geddo, c'était quoi une âme ? »

Ces choses-là sont inexplicables sans le souffle de l'Amour et des espaces ouverts. Et Geddo répondra, vaguement nostalgique :

« Des fleurs ? J'en ai vu dans mon enfance. Une âme ? Je l'ai aussi sentie dans mon enfance. C'était... comment te dire... Consulte ton ordinateur, petit. Il t'en donnera quelques images approximatives. Il te donnera quelques échantillons de la notion de Dieu et des hommes d'autrefois. »

Si l'humanité survit !

Peut-être qu'alors, l'incomparable tendresse d'un regard fraternel, l'incomparable chaleur d'une main fraternelle, les prés sertis de pâquerettes et les cascades irisées ouvriront les rêves des hommes de demain, qui aspireront à trouver de l'âme dans leurs dédales de machines et leurs cuirasses inoxydables.

*

Karim, lumière de ma vie, la nuit vient et je me sens très las. Je sens qu'il ne reste que quelques gouttes d'huile dans ma lampe. En aurais-je davantage que l'orage prêt à fondre sur le village se chargerait de bien vite la répandre. Pour moi, cela n'a aucune importance. Nous, les vieux, nous avons eu notre part de vie. Mais les autres ? Mais les enfants ? Sur quelles tendresses dévastées bâtiront-ils leur paix ?

Malgré cela, je veux te dire, ce soir, combien grande est mon espérance. Car en dépit du désespoir et de la division, les cœurs de ce pays battent toujours très fort pour leur terre. Ils battent très fort parce qu'ils n'ont pas déserté Dieu. A cause de cela, aucune force au monde ne parviendra à chasser l'amour du cœur du Liban. Et cet amour lui rendra sa force et son unité.

Nous avons sans doute le tort d'avoir vécu dans l'insouciance des êtres comblés de soleil.

Nous avons sans doute le tort de n'avoir pas assez pris la mesure de la misère de beaucoup de nos frères.

Il est trop tard pour regretter et se lamenter. Mais il n'est pas trop tard pour offrir, encore et encore, notre part d'amour et reconstruire jusqu'au bout, ce que la haine détruit.

Ne nous reste-t-il qu'une heure à vivre, nous pouvons refuser la véritable mort : celle inexorable et définitive de l'absence de Dieu en nous.

Ne nous reste-t-il qu'une heure à vivre, nous avons encore le temps de préserver, dans le cœur de nos enfants, les grains de blé pur qu'ils pétriront avec le levain de l'amour et de la justice, comme le Christ nous l'a enseigné.

Alors, le Liban ne mourra pas. Il restera cette terre de rencontre et d'échange, ce pays libre et fleuri où chacun aura droit à toute la lumière du soleil. Il restera à tous ses fils et à tous ceux qui fouleront son sol avec respect et amour.

Ne nous reste-t-il qu'une heure à vivre, nous continuerons à construire un Liban fidèle à Dieu ; un Liban fidèle à l'homme ; un Liban non seulement Terre du Cantique, mais de tous les cantiques de la terre.

*

TROISIÈME PARTIE

FADI
ET JOUMANA

Les nuits d'été sont féériques dans la montagne libanaise. Le ciel, profond et velouté comme des yeux de bonheur, ruisselle d'étoiles. Et les ombres familières éploient leur silence entre le murmure des sources et l'envoûtante psalmodie des rainettes.

Les nuits d'autrefois !

Les maisons de Kfar Sama rêvent dans leurs houppelandes de lierre, grisées par les senteurs du chèvre-feuille.

Les rêves d'autrefois !

Les rires des enfants, merveilleuses petites cascades cristallines, fusent jusque dans leur sommeil.

Les rires d'autrefois !

*

Pieds nus sur les dalles tièdes de sa chambre inondée de lune, Joumana se bouchait les oreilles de deux index rageurs. Elle ne voulait plus entendre les lugubres « Il paraît que » de son frère. Depuis la mort de Karim, le vocabulaire de Fadi avait changé du tout au tout. On aurait dit qu'il déclamait des phrases d'un livre, soigneusement apprises par cœur :

« Il paraît que le monde va finir dans une formidable explosion... Il paraît qu'avec les armes nucléaires, on peut pulvériser des pays situés à des milliers de kilomètres de distance en pressant sur un simple bouton... Il paraît que des robots vont être les maîtres de la terre et de toutes les planètes... »

Fadi n'était plus qu'un puits de constatations absurdes. « Que tu le veuilles ou pas, ce sont les réalités du monde », déclarait-il sur un ton péremptoire. Et Joumana en était profondément troublée. Lorsque Karim était encore là, il ne parlait jamais brutalement de quoi que ce soit. Karim était poète. Il aimait la terre et la musique des flûtes. Il bâclait ses devoirs scolaires pour aller rejoindre Geddo et papa dans les vergers. Il disait : « Je veux savoir lire dans les vents et les nuages, la rosée et les rondes des abeilles. L'école ne m'apprend même pas comment faire pousser un grain de blé. Je veux être cultivateur ! »

Joumana renifla tristement. La voix de Karim était là, dans le clair de lune, et son rire si doux et rassurant. Pourquoi était-il parti si vite ?

Joumana revoyait le jour noir où le premier obus surprit Kfar Sama. Karim cueillait des amandes près de Aïn el Farah.

Sa dernière cueillette !

Joumana ne voulait plus penser à l'horrible explosion. Elle ne voulait se souvenir que des paroles de maman, le lendemain du drame, alors qu'elle tremblait de chagrin et de peur :

« Ecoute, ma colombe ! Karim n'est pas parti. Il est là, bien vivant dans ton cœur et dans les cœurs de tous ceux qui l'aiment. La terre a bu son sang vermeil, mais son âme brille dans la lumière qui n'a pas de fin. Son amour plus puissant que le feu de la guerre nous sépare de la nuit de la haine.

Ecoute la source, ma colombe ! Tu ne l'entends pas, parce qu'elle est à l'autre bout du village. Mais elle remplit depuis toujours les jarres de Kfar Sama.

Elle les remplit tant et plus, et bien plus qu'elles ne contiennent, et nous savons tous qu'elle est là. Aussi, nous pouvons l'entendre dans le goût de sa fraîcheur.

Ecoute l'amour d'Allah ! Tu ne l'entends pas, parce qu'il ne crie pas pour forcer nos portes. Mais il remplit depuis toujours les cœurs qui s'ouvrent à sa source, comme les jarres à Aïn el Farah.

Il les remplit tant et plus, et bien plus qu'ils ne contiennent, et nous savons tous qu'il est là. Aussi, nous pouvons l'entendre dans la certitude de notre tendresse.

Nous pleurons sur cette maudite guerre qui tue l'amour jusque dans son nid. Nous pleurons sur cette maudite violence et l'injustice du monde qui transpercent les cœurs des enfants.

Et le ciel pleure avec nous.

Mais ce serait renier l'amour de Karim, que de souhaiter la mort à notre tour.

Ce serait le tuer une seconde fois, avec Jésus sur toutes les croix du monde, que de crier vengeance à notre tour.

Souviens-toi toujours de la prière d'Abouna, au cimetière : « Rabbi, tu voyais cela aussi au Jardin des Oliviers. Tu voyais le Liban à feu et à sang et les massacres des innocents. Tu voyais la noire détresse de ceux qui n'ont pas voix aux chapitres des guerres, mais qui ont droit à des torrents de souffrances que rien ne semble pouvoir arrêter. Tu voyais les innombrables brasiers qui ravagent la terre. Et tu n'as pas refusé de boire le calice.

Etait-ce cela ton espérance ? Croire, au cœur même de la démence, que les forces de l'amour triompheront des forces du mal ?

Rabbi, ta Vérité est à faire et non seulement à dire. Ta justice est à faire et non seulement à dire. Aussi, nous ne romprons pas ton Alliance en accueillant le désir de vengeance dans notre douleur.

Rabbi, ne nous laisse pas oublier ta parole : *« Vous êtes le sel de la terre et sa lumière »*. Ne nous quitte pas, habite toujours chez nous et fais que nous soyons de toi la plus belle image ».

Aime, ma colombe, donne tout ton cœur ! C'est le seul remède à la guerre et le seul remède à nos larmes. Devant la violence, offre ta paix. Devant la haine, donne la lumière de ta tendresse. Devant l'injustice, ouvre tes mains. Sois comme l'oiseau sur la branche, libre et léger, toujours prêt à prendre son envol, mais donné à tous et recevant tous du plus profond de la vie. Sois comme les fleurs de nos montagnes, merveilleuses d'offrande et de couleurs. »

*

Maman avait parlé longtemps en berçant sa petite fille. Et Joumana pensait qu'il n'était pas difficile d'aimer de tout son cœur. Pour elle, il n'y avait pas d'autres manières d'aimer.

N'empêche que maman pleurait souvent et que Geddo parlait tout seul devant la photo de Karim qui trônait dans la salle de séjour. Ah ! la vie changeait trop vite autour d'elle. Elle changeait et faisait de plus en plus peur.

Le cœur gros, Joumana s'endormit en soupirant dans le clair de lune. Elle rêva du temps jadis où la cueillette des fruits ne tuait pas les enfants.

*

Oui, la vie change trop vite quand elle se trouve face à face avec la guerre. Elle change trop vite quand le monde tourne au rythme des usines qui fabriquent la mort. Elle change trop vite quand il y a toujours trop de tout pour tout le monde.

Trop d'injustice qui piétine les uns et donne aux autres le pouvoir de jouer des vies humaines au gré de leurs ambitions.

Trop d'hommes suralimentés, alors que d'autres traînent des squelettes aux ventres ironiquement ballonnés par la faim.

Trop d'images de mort, de luxe insolent, de cacophonies délirantes, d'aventures insensées, d'expressions de haine et de désespoir.

Trop de livres à l'école des privilégiés, surchargés d'illustrations, de commentaires et d'exercices, et trop d'absence d'école pour les enfants de la misère.

Trop de réclames alléchantes et de besoins de jour en jour plus aigus qu'elles enracinent dans notre conception du bonheur.

Trop de contradiction et de démesure.

Les enfants d'aujourd'hui vivent dans un état permanent de surexcitation, et les héros des bandes dessinées, les supermen, superstars, supercriminels et supergadgets règnent en maîtres sur leur devenir d'hommes. Monstres spatiaux, robots électroniques, caïds milliardaires et sans scrupules, cataclysmes, crimes, guerres interplanétaires et terrestres leur sont quotidiennement et copieusement servis, sans qu'ils aient besoin de bouger de leur place.

Dans leurs livres d'aventures et leurs télé-films, les bons comme les méchants sont armés jusqu'aux dents. Tous usent et abusent des mêmes procédés d'intimidation. Tous usent et abusent de la violence.

La violence à l'état brut dans un monde sans pesanteur. La violence dans un fracas continu de tremblement de terre.

Quelles contre-valeurs leur offrons-nous ? L'histoire de Jésus ? L'amour, le respect, l'honnêteté ? Cela leur semble bien pâle, comparé aux échos cosmiques. Cela leur semble bien pâle, comparé à la puissance de la richesse ou des armes.

Entre la réalité et la fiction, dans quelle sphère d'espérance s'ouvrent les âmes des enfants d'aujourd'hui ?

Entre la surabondance et le dénuement, où se trouve le vrai bonheur ?

Qui leur montrera la surabondance de la fraternité ?

Qui mettra entre leurs mains les jeux de la Vie et abolira les jeux de la mort ?

*

Joumana se souvenait à peine du temps où on ne parlait pas de la guerre. Mais elle se souvenait très bien du jour où, pour la première fois, le nuage de la peur assombrit le ciel immuablement bleu de son enfance. Walid, son petit frère, venait de naître. Dans la maison en fête, parentes et voisines aidaient à la longue préparation du meghlé (20), lorsque papa vint leur dire ce qui se passait sur la côte. Joumana n'avait que quatre ans et ne comprit pas grand-chose. Elle grignotait des miettes de noix en attendant le moulin à vent que Geddo lui confectionnait ce jour-là. Et voilà que tout le monde se mit à parler en même temps. Depuis, les transistors n'arrêtaient plus de grésiller dans toutes les maisons, rapportant des faits de plus en plus incroyables, de plus en plus hallucinants.

20. Douceur préparée aux naissances, à base de farine de riz, de carvi et de sucre en poudre, abondamment garnie de pistaches, noix, pignons de pin et amandes.

Cependant, les troubles se déroulaient encore loin des montagnes et personne ne croyait à leur durée. Or, non seulement on n'en voyait plus la fin, mais ils gagnaient rapidement du terrain et le pays entier finit par basculer dans la consternation et l'horreur. Villes et villages changeaient de visage en un rien de temps. Ruines, morts, enlèvements, torture, fuite et famine devenaient le pain quotidien d'un Liban disloqué.

Ah ! cette interminable guerre, tellement omniprésente, tellement incrustée dans les pensées et les paysages, qu'il était devenu impossible aux enfants de s'en abstraire.

Joumana ne pouvait même plus imaginer un avenir sans guerre. Elle s'attendait à mourir, elle aussi, en voyant les déluges de bombes noyer la côte et une grande partie des montagnes. A force d'entendre et de voir la mort, il lui était impossible de se sentir vraiment vivante.

Un jour, Geddo s'écria en lui ébouriffant les cheveux : « Toi, mon petit oiseau, c'est encore un grand bonheur de te voir bien vivante. Qu'Allah te protège de tout mal. » Joumana ouvrit de grands yeux surpris. On aurait dit qu'elle prenait soudain conscience d'un sentiment jusqu'alors diffus. Et sa réflexion résumait l'angoisse dans laquelle baignent les enfants de la guerre : « Moi, Geddo ? Je suis vivante ? Je ne sais. Je suis toute peur. » Et Geddo la serra très fort dans ses vieux bras en pleurant comme un petit enfant.

Pour Joumana, le plus terrible c'étaient les nuits. On ne voyait plus de lumière nulle part et Kfar Sama semblait isolé entre la mer et le ciel. Et puis, dès le coucher du soleil, la guerre semblait redoubler de fureur. Elle martelait sans arrêt les montagnes de ses coups monstrueux et les sommeils s'épuisaient en cauchemars.

Autrefois, Beyrouth et les montagnes s'allumaient en même temps que les étoiles. Et toutes ces lumières dansant à l'infini revêtaient les nuits d'une somptueuse parure aux chatoiements de paradis.

Karim disait : « On ne sait plus si c'est du ciel ou de la terre qu'émanent ces myriades de joyaux, plus beaux que tous les trésors de tous les sultans d'Orient. Ah ! les astres et la connaissance ignorent les frontières. Aucune puissance au monde ne peut les soumettre et les régenter à son seul profit. Pourquoi faut-il que des millions d'hommes soient écrasés au profit d'un pouvoir quelconque ? »

Ensuite, vinrent les nuits noires et les restrictions de toutes sortes. Seules les étoiles brillaient, loin, très loin, dans un firmament inaccessible et Karim ne disait plus rien.

Joumana savait qu'il y avait des réfugiés partout. Au bord des routes et sur les plages, dans les bois, les écoles et les couvents. Partout ! Quelques mois plus tôt, à la veille de Noël, papa avait emmené ses enfants dans une école en partie démolie de la banlieue de Beyrouth, pour aider à la distribution de cageots de pommes et de galettes confectionnées au village. Joumana en était revenue bouleversée. Et dire que cela pouvait arriver à n'importe qui, à tout moment !

Joumana n'avait jamais vu pareil dénuement. A Kfar Sama, il n'y avait ni riches ni miséreux. Il y avait des pauvres qui ne criaient pas famine et ne tremblaient pas de froid. S'ils ne possédaient pas de quoi se gaver et s'offrir des tas de colifichets et de bibelots à la mode, du moins vivaient-ils dignes et propres sous leurs toits accueillants. Leurs enfants allaient à l'école et leurs minuscules lopins de terre tenaient leurs promesses à chaque saison. Et puis, les pauvres de Kfar Sama n'avaient pas ce regard lourd de souvenirs ravagés et de visions d'enfer ; ce regard de prière douloureuse et de révolte impuissante.

Le dénuement des réfugiés plongea Joumana dans des abîmes de comparaison et de peur :

La misère dans les livres de lecture scolaire, c'est des phrases bien balancées qu'on doit classer en propositions principales, subordonnées ou relatives avec, en prime, de si belles illustrations en couleurs, qu'elles la rendent encore plus abstraite. Quand, de surcroît, il faut mettre le texte au présent, au futur ou au passé, on ne sait plus très bien si la misère existe, existera ou a existé.

La misère pour les riches, c'est quelque chose de gênant dont ils parlent avec une compassion mêlée de mépris et de rancune, comme si les pauvres faisaient exprès d'être pauvres.

La misère pour beaucoup de gens, c'est la bonne conscience achetée au prix d'une aumône saisonnière.

Le dépouillement de la crèche, c'est toute la douceur et l'excitation des Noëls peuplés d'anges et de moutons, de cantiques, de guirlandes de lumières multicolores et de mottes de mousse couronnées de blé germé.

« Marie l'emmaillota et le déposa dans une mangeoire parce qu'il n'y avait pas de place pour eux dans la salle d'hôtes. »

Noël ! Les monceaux de petites surprises et de grands baisers, de gâteaux fourrés de pistaches ou de dattes pétries dans du sirop de roses, de châtaignes qui craquellent sur le poêle ronronnant de chaleur, et la tendresse de tous dans les maisons rayonnantes de bonheur.

« Parce qu'il n'y avait pas de place pour eux dans la salle d'hôtes. »

Où donc y a-t-il une place pour les sans-logis de ce monde si évolué ?

Où vont les enfants qui n'ont plus de maison et plus de parents ?

Où vont les enfants des maisons mortes ?

Dans un beau livre d'histoire ? Ou dans une mangeoire avec Jésus ?

Qui saura langer leur dénuement avec les mains de Marie ? Qui leur fera une crèche au creux le plus chaud d'un cœur d'amour ?

« Nous tous ! » répondit papa. « Nous tous ! » répondit maman. « Nous sommes tous responsables, nous qui avons reçu l'amour en héritage. Ce n'est pas parce que le mal existe que nous devons capituler et dire qu'il n'y a plus de place pour l'amour. Ce n'est pas parce que nous ne pouvons aider la terre entière que nous devons refuser la vie à un seul être, si nous pouvons la lui donner.

Si nous croyons en l'amour, nous pouvons le concrétiser à chaque instant. Nous pouvons opérer ce miracle, merveilleux cadeau de Dieu aux hommes de bonne volonté ».

*

En dépit de tout, l'espoir tenait bon dans ce petit Liban aux profondes racines. A la moindre accalmie, des maçons improvisés essayaient de redresser les maisons. Les hôpitaux aménageaient leurs sous-sols et les équipes de secours œuvraient nuit et jour, sans relâche. Les écoles rasées rouvraient d'autres portes dans des locaux de fortune.

Certes, il y avait des familles entières exterminées, des foyers dispersés, le chômage forcé et la quête désespérée de l'indispensable ration de pain quotidien. Il y avait des enfants à l'école, d'autres sur les barricades et encore bien d'autres dans les abris et les hôpitaux.

Il y avait aussi la nouvelle science des enfants : la terrible science de la guerre. Ils connaissaient le nom de toutes les armes. Leurs formes, leurs poids, leurs mécanismes et leurs portées n'avaient plus de secret pour eux. De plus, ils prononçaient les mots de terrorisme, d'oppression, d'agression et d'attentat, avec autant d'aisance que les noms de fleurs et d'oiseaux.

Il y avait, surtout, leur immense désarroi et leurs touchantes prières.

Et, envers et contre tout, il y avait, dans leurs petits cœurs, une petite lampe d'amour confiant, qui refusait obstinément de s'éteindre à jamais.

*

Les samedis soirs, Joumana allait à l'église, sa menotte dans la grande main rassurante de Geddo et l'oreille aux aguets des bombes. Elle aimait beaucoup le chant, les réunions avec Abouna et les activités paroissiales qui précédaient la messe des enfants.

Ce samedi-là, il n'y eut que la messe. Abouna était occupé avec les parents. C'est qu'on parlait beaucoup, depuis quelques heures, d'une attaque d'envergure sur la région. Les villages de montagnes n'avaient pas d'abris. De toute manière, plus un coin n'était sûr d'un bout à l'autre du pays.

Malgré la panique, l'église était pleine de

gens. Kfar Sama priait avec ferveur. Il priait pour la paix... la paix... la paix... et l'unité du Liban.

Il priait pour l'unité de la terre entière et pour avoir le courage d'affronter la mort.

L'église était pleine et Joumana surveillait Fadi du coin de l'œil. Il était si distrait, qu'il lui fallait sans cesse le heurter discrètement du coude, pour le ramener à la réalité. De plus en plus, il passait son temps les yeux perdus dans le vague ou le nez fourré dans des revues et des journaux. Il était devenu sage comme une image, obéissant comme un automate. Ses parents ne savaient plus quoi faire pour le sortir de sa torpeur. Il avait peur, c'était certain.

Peur, non seulement des bombes, mais de ce qu'il découvrait d'implacable dans les rivalités humaines. Le contraste était trop grand entre les valeurs qui imprégnaient la vie du village et la sauvage clameur d'un monde pris dans l'engrenage de la violence. Fadi constatait avec terreur que tuer était trop facile. Détruire était trop facile. Opprimer était trop facile. La mort en masse , froidement décidée, organisée, systématisée au nom des droits des peuples, le projetait dans un vide intolérable. Il ferma les yeux et implora :

« Pourquoi tant de haine, Rabbi si elle n'aboutit qu'à la mort ? Pourquoi cette frénésie de dominations, si elle n'aboutit qu'à la mort ? Mes parents disent que nous sommes riches de toi, de notre âme, des belles et bonnes choses que tu as mises en nous, des belles et bonnes choses que nous pouvons voir, sentir et partager tout au long de notre vie. Or, on ne voit que la mort. On est entouré de morts, de menaces de mort et d'engins de mort. Nous, on ne veut pas tuer. Mais personne ne demande notre avis. Personne n'a demandé l'avis de Karim ni de ceux qui préfèrent la paix à n'importe quoi d'autre sur la terre. Rabbi, on ne sait plus si on est déjà morts ou encore vivants. »

Fadi frissonnait et Joumana le surveillait du coin de l'œil. Maman lui avait demandé d'être douce et patiente avec lui. Cela n'était pas toujours facile. De toute façon, rien n'était facile, à commencer par les sempiternels propos sur la guerre, partout, sur toutes les lèvres, et l'incertitude des lendemains qui laissait un drôle de creux à l'estomac et donnait l'impression de marcher sur un sol qui fuyait. De plus, maman pleurait souvent. On le voyait à ses yeux rougis et gonflés. Papa avait perdu son grand rire d'autrefois. Geddo parlait tout seul, même à l'église. Walid suivait sa mère comme son ombre et Fadi se perdait dans son monde détraqué ; ce monde qu'il n'exprimait que la nuit ou lorsqu'il se trouvait seul avec sa sœur.

Dehors, les montagnes répercutaient les combats tout proches. Nuit et jour, l'insupportable vacarme emplissait le ciel et la terre. La haine, partie à fond de train, broyait, mutilait, dévorait tout ce qui lui tombait sous la dent.

Dans l'église, Abouna priait et tout Kfar Sama avec lui : « Rabbi, apprends-nous à aimer de l'amour qui donne une âme. »

Kfar Sama pleurait et priait. Maman pleurait et priait. Geddo parlait tout seul et priait. Et Fadi se perdait dans son monde détraqué. Joumana sentait qu'il avait encore plus peur qu'elle, et sa tendresse pleurait et priait jusque dans ses coups de coude pour le ramener parmi les siens.

*

Il avait treize ans, Fadi, et il voulait comprendre. Il voulait comprendre pourquoi la terre était devenue l'enfer. Et pourquoi les enfants d'aujourd'hui n'ont rien à quoi s'accrocher. Ballottés entre des valeurs contradictoires et les fantasmes d'un monde paranoïaque, ils se jettent à corps perdu dans la fureur de vivre ou s'emmurent dans un silence feutré de sphère inhabitée. Les enfants d'aujourd'hui ont la particularité d'être amputés de leurs racines. Et sans racines, comment se dresseraient-ils solides et souples, féconds et beaux vers le soleil ou l'orage, la brise ou l'ondée ?

Sans racines, ils flottent, étrangers à eux-mêmes et si fragiles dans leur devenir d'hommes à part entière. Sans racines, ils n'ont plus de liens avec la terre et plus de liens avec le ciel.

Sans racines, les petits d'hommes n'ont plus d'âme.

« Rabbi », suppliait Abouna en regardant les enfants de Kfar Sama qu'il connaissait par cœur, « Rabbi, apprends-nous à les aimer de l'amour qui donne une âme. »

*

Le coucher du soleil était somptueux sur la mer dorée. La première étoile clignotait dans le ciel. L'air était doux et parfumé comme une corolle de jasmin.

Tant de beauté autour du Liban en feu intensifiait le désarroi de Fadi. « Si au moins, songeait-il, ce vacarme pouvait s'arrêter. Si le monde pouvait exploser une bonne fois et qu'on n'en parle plus. Des armes... des armes... des armes... était-ce la plus grande production du monde pour qu'il y en ait tellement ? N'y aurait-il pas espoir que la guerre soit un jour à court de munitions, comme on était depuis des mois à court de farine ? Combien de milliers de tonnes d'explosifs débarquaient tous les jours, dans les petits ports où seules les barques de pêcheurs pouvaient accoster avant la guerre ? Et comment se faisait-il que les cargaisons d'armes arrivaient à se frayer mille chemins sans danger, alors que les navires de ravitaillement n'osaient s'approcher des eaux libanaises ? »

Etrange humanité dont la surabondance est incapable de nourrir les affamés, mais qui parvient sans difficultés à armer les plus miséreux. Etrange humanité qui cherche par tous les moyens à saisir les secrets des cellules humaines pour provoquer ou prolonger la vie à volonté et qui, par ailleurs, n'hésite pas à la détruire en masse.

Triste et lointaine, la voix de Fadi s'éleva dans l'air bleu du soir : « Il paraît que des enfants ramassent les détritus des poubelles pour ne pas mourir de faim. »

Joumana ne répondit pas. Elle essaya d'imaginer des enfants farfouillant dans des poubelles et conclut que cela était impossible. C'était bien trop triste et sale.

« Il paraît qu'il y a des pays où on vend des enfants, et d'autres où on jette à la mer des tapées de gens qui viennent sur des bateaux, parce que personne ne les veut. »

Là, Joumana était franchement sceptique. Elle savait qu'il existait des enfants malheureux, même en temps de paix. Mais des enfants vendus, cela n'avait pas de sens. Et elle n'arrivait pas à se représenter des tapées de gens jetés à la mer. C'était absurde !

« Il paraît que des rats grignotent les oreilles des enfants qui habitent dans des bidonvilles et qui dorment par terre. »

Joumana se sentit, soudain, si écœurée, qu'elle ne songea pas à protester.

« Tu as entendu ? » s'impatienta Fadi.

Oui, elle avait entendu. Elle n'était pas sourde. Elle n'entendait que trop la chute des obus. Elle cria :

« Je déteste quand tu commences tes histoires par « il paraît que ». C'est chaque fois des histoires affreuses. Il paraît que moi, j'en ai assez. Tu ne sais pas parler d'autre chose ? »

Fadi se rebiffa : « Et après ? Ce sont de vraies histoires, pas vrai ? »

Joumana n'en savait rien. Il y avait trop de vérités affreuses, à commencer par la guerre. Elle répliqua, véhémente : « Maman dit qu'il y a aussi des vérités très belles et que c'est celles-là qu'il faut choisir. Je ne veux plus entendre tes histoires, elles me font mal au cœur. »

Fadi poussa un long soupir résigné : « Bon, bien, si on ne peut plus rien te raconter... Il paraît que dans un mois, c'est la rentrée. »

Joumana ouvrit de grands yeux ébahis : Oh ! tu crois qu'il y aura une rentrée ? Je ne veux pas retourner à l'école. Si on doit nous refourrer sous les bancs chaque fois que ça bombarde quelque part, je m'évanouirai pour la vie. Et personne, personne, personne ne pourra plus me réveiller.

Fadi aussi ne voulait pas retourner à l'école. Mais il fallait que les cours reprennent. L'école, cela signifiait une situation presque normale. Cela signifiait que la guerre diminuait d'intensité et que, peut-être elle s'éloignerait pour toujours. « Rabbi, pria-t-il, fais qu'il y ait la rentrée et qu'il n'y ait pas d'absents dans ma classe. »

*

Les absents, c'étaient les enfants rageusement biffés par des nuits en délire. Un beau matin, ils manquaient à l'appel. Un ou deux jours plus tard, le professeur annonçait, dans un silence qui donnait envie de hurler en se roulant par terre, que Ramzi, Charbel ou Siham ne reviendraient plus.

Ces matins-là, la mort était dans la classe. Blême et omnipotente, elle se gaussait de la terreur des enfants bouleversés par son irruption brutale. Certains pleuraient sans bruit ; d'autres s'immobilisaient, blancs et friables comme la craie qui attendait, dans la main du maître, la reprise chancelante d'un cours qui n'avait, soudain, plus de sens pour eux.

D'une voix anormalement enrouée, le professeur y allait de son petit discours de circonstance, en évitant de fixer le pupitre de l'absent.

Oh ! ce pupitre, soudain immense et presque vivant, investi du douloureux mystère de l'absent. Tous les regards convergeaient vers lui, vacillants, incrédules, implorant un démenti à l'inacceptable nouvelle.

Ces matins-là, Fadi se recroquevillait en lui-même. Ses oreilles étaient prises de bourdonnement et c'est à peine s'il entendait la voix triste du professeur. Une irrésistible envie de glisser dans le sommeil s'emparait de lui, tandis que les mots : « Patrie, ciel, ange et martyr » lui semblaient planer, un moment, entre la vie et la mort, et finissaient par former l'oppressante voûte qui séparait, désormais, les enfants morts des enfants vivants.

Une dizaine de victimes dans l'école de Fadi : un bilan dérisoire comparé aux pertes recensées dans d'autres établissements. Mais dix ou cent, le choc n'en était pas moins intense, provoqué par la violence des hommes. Fadi mettait un temps fou à chasser l'obsédant souvenir de ces visages qui lui apparaissaient si douloureusement inexpressifs, et qu'au seuil de la mort il chahutait encore, sans l'ombre d'une prémonition. Pendant des mois, ils hantaient les classes, la cour de récréation et ses cauchemars.

Pourquoi ces visages revenaient-ils ce soir plus présents et pesants que de leur vivant ? Ils gisaient sur l'herbe du jardin, déchiquetés et ensanglantés comme Karim sous les amandiers. Comme toutes les images de corps affreusement mutilés qu'il voyait tous les jours dans les journaux.

Karim avait horreur de la violence. Il était poète. Il aimait la terre et la musique des flûtes. Il aimait tout le monde. Il donnait comme il recevait, avec la même spontanéité et le même sourire heureux. Pourquoi devait-il mourir de cette manière ?

Fadi était submergé par le sentiment que les faibles et les désarmés n'étaient pas des personnes, mais des objets à la merci des visées des plus puissants. Il essaya de se représenter un monde de non-possessions, de non-rivalités, de non-frontières ; un monde de tendresse ; un Kfar Sama universel, encore et toujours baigné du doux soleil de son enfance ; un Kfar Allah (21) où le bien le plus important, le plus précieux, serait la Vie dans ses manifestations les plus grandioses comme les plus humbles ; un monde où chaque être répondrait au nom d'« Homme » et non pas de « Chose ». Il pensa au Christ couronné d'épines. « Voici l'Homme ! » se dit-il avec une étrange lucidité. Voici Karim et tous ceux qui ne demandent qu'à aimer et à être aimés. Mais il n'y a plus d'hommes. Il y a des loups, des renards et des moutons. Tout ça, ça ne fait pas des êtres humains. »

Impersonnelle et monocorde, la voix de Fadi s'éleva dans le soir hanté :

« Il paraît que dans des écoles, on a ramassé les morceaux des enfants à la pelle.

21. Village de Dieu.

– Oh, non ! cria Joumana. Non ! Tu ne vas pas recommencer ? »

Il aurait bien voulu ne pas recommencer, ce tout petit garçon angoissé. Mais comment penser à autre chose dans ce vacarme d'enfer ?

L'enfer, c'est maintenant, dit-il. C'est le monde. C'est la guerre et le terrorisme et tous ces mots compliqués. Abouna dit que l'enfer, c'est là où il n'y a pas d'amour. Nous sommes en enfer, puisque tout brûle. Tout ! Partout ! Et nous, on va brûler avec les arbres et les maisons et le monde entier.

– Non ! hurla Joumana. Ce n'est pas vrai ! J'aime tout le monde ! Papa et maman aiment tout le monde ! Abouna et Geddo aiment tout le monde ! Karim aimait tout le monde ! Tu vois bien que ça ne peut pas être l'enfer, chez nous, puisqu'on s'aime tous ! »

*

Leur paradis de toujours paraissait noir et hostile, immobilisé dans l'accablante désolation d'un orage de fin du monde.

Le lendemain, Kfar Sama paya le tribut à la guerre. Sept jours durant, il fut bombardé sans merci.

Le sixième jour, profitant d'une accalmie, Abouna sonna les cloches de l'église. Et Kfar Sama – du moins ce qu'il en restait – accourut comme autrefois.

Kfar Sama se réfugia dans son église pour prier et pardonner. Il demeurait convaincu que la haine n'entraînait que la haine et que seuls l'amour et la miséricorde pouvaient définitivement enrayer les carnages de ce monde.

*

Main dans la main, Fadi et Joumana prirent le chemin qui menait à l'église. Papa était mort en aidant Abouna et d'autres hommes du village à secourir les blessés. Maman, Geddo et le petit frère étaient restés sous les décombres de leur maison.

*

Mains dans la main, les enfants de Kfar Sama prirent les chemins qui menaient à l'église. Ils regardaient de tous leurs yeux. Mais ils ne reconnaissaient plus leur village. Ils ne reconnaissaient plus leurs paysages, hier encore aussi familiers et rassurants que les poêles ronronnants de leurs maisons. Leur paradis de toujours paraissait étrange et étranger, noir et hostile, immobilisé dans l'accablante désolation d'un orage de fin de monde.

« Les oiseaux ne chantent plus, murmura Joumana. On dirait qu'il n'y en a plus. »

Mais Fadi ne l'entendit pas. Il n'avait plus de pensées, plus de larmes, plus de réactions. Tout son être était explosions, flammes, épouvante infinie.

Dans l'église, Joumana se blottit contre lui. Maman n'était plus là pour lui faire un rempart de son amour. Des mains se tendaient vers elle, mais elle ne les voyait pas. Elle ne voulait que ce frère qui ne l'entendait pas ; ce frère englouti dans l'ignoble terreur imposée par la cruauté des hommes, qui déchire l'enfance et la condamne à errer dans des labyrinthes obscurs et sans échos ; ce frère dont le silence lui était aussi intolérable que l'absence de sa mère.

« Fadi », hurlait-elle en lui martelant la poitrine de ses petits poings crispés. « Fadi, nous n'avons plus que nous deux. Nous ne sommes pas en enfer, dis ? Je t'en supplie, réponds-moi ! J'ai si peur et je t'aime tant ! »

Alors, à travers l'appel de cette petite fille qui lui offrait sa peur comme elle lui avait toujours tout donné ; à travers ses cris qui réclamaient sa propre voix à lui, Fadi, pour ne pas sombrer dans la nuit sans fin, il réalisa que la vie n'était pas seulement dans l'apparente mouvance d'un corps humain. La vie était bien plus dans un regard qui ne pouvait capter la lumière, que si un autre regard le reconnaissait et l'aimait.

La vie, c'était d'être appelé et de répondre à cet appel. Et répondre à un appel, c'était partager l'amour infini de Dieu.

*

Et cette vie s'imposa à Fadi dans le fracas des bombes qui n'arrêtaient pas de faire pleuvoir la mort sur Kfar Sama. Il s'agrippa aux épaules de Joumana et ses mains glacées reconnurent sa tendresse avec un étonnement indicible. Il ferma les yeux comme pour mieux la retenir et s'en imprégner. Puis doucement, très doucement, il l'entoura de ses bras tremblants.

« N'aie pas peur, dit-il. Tu vois bien que ça ne peut pas être l'enfer, chez nous, puisque nous nous aimons. »

*

Notre petite église aux murs guère plus épais que ceux de vos maisons

QUATRIÈME PARTIE

LES FLEURS DE KFAR SAMA

Enfants de Kfar Sama, la nuit tombe et vous pleurez encore.

O Rabbi ! comment vous dire que les nuits les plus noires ont aussi leurs aurores ?

Comment vous parler d'espérance, alors que depuis des jours et des jours, vous n'êtes plus qu'épouvante et blessure ?

Comment vous parler de paradis, alors que l'enfer n'en finit plus de se déchaîner sur Kfar Sama ?

Et pourtant, le paradis est là, au cœur de vos souffrances, puisqu'au seuil de la mort, vous refusez définitivement la haine en pardonnant.

Puisqu'au seuil de la mort, je ne vois dans vos yeux que prières et amour, si endolori, mais toujours confiant et infini.

Depuis ce matin, nous sommes rassemblés dans notre petite église aux murs guère plus épais que ceux de vos maisons. Elle peut s'écrouler d'un moment à l'autre et vous le savez. Seulement, ici nous sommes tous ensemble, serrés les uns contre les autres, tout près du tabernacle.

Tout près du cœur de Dieu.

Regardez la veilleuse du sanctuaire. Sa douce clarté est une étoile dans les ténèbres de la guerre. Et vous êtes des étoiles encore plus douces et scintillantes, parce qu'en vous, l'amour intact est le plus beau chant d'espérance.

Depuis ce matin, vous priez et vous pardonnez. Même toi, Fadi, au regard si douloureusement implorant. Je sais que tu pries et que tu pardonnes. Je le sens à la manière dont tu entoures Joumana de tes bras tremblants. Je le sens à la tendresse avec laquelle tu essuies inlassablement ses larmes en laissant couler les tiennes.

A travers elle, tu as pris conscience que l'amour peut donner la vie au milieu de la mort. Elle n'a plus que toi et tu n'as plus qu'elle. Mais parce que vous vous aimez, chacun au-delà de sa propre souffrance, vous comprenez que l'amour, même dans sa plus profonde blessure, ne saurait complètement se réaliser sans le pardon. Alors, toutes les tendresses de l'univers vous appartiennent et vous leur appartenez.

Enfants de Kfar Sama, depuis ce matin nous prions et chantons : « Rabbi, tu es notre route dans les embûches de la vie. Rabbi, tu es notre compagnon à l'heure de la mort. »

Nous savons que cela est vrai, puisque nous prions celui qui nous a donné sa vie. Et nous savons bien que donner sa vie, c'est, avant tout, donner son amour. Et cet amour restera notre route et notre compagnon, aussi longtemps que nous refuserons la haine et la violence.

Et maintenant, la nuit sera longue... très longue. Nous allons remplir d'huile la veilleuse du sanctuaire et vous vous blottirez tout contre le cœur d'Allah.

*

O enfants blessés, en priant avec vous, en veillant avec vous, je vous revois tels que vous étiez, autrefois, dans la paix de votre village. Et je pleure avec vous.

En te regardant, Fadi, je revois Karim et tous les autres, qui dorment de leur dernier sommeil dans les ruines de votre petit paradis.

Se souvenir de Karim en cette sombre veillée, c'est parler des enfants de Kfar Sama, morts et vivants, et de tous les enfants du monde, murés dans la détresse. C'est leur dire notre tendresse et la leur offrir en bouquets d'aurores, pour dissiper leurs ténèbres.

*

Pour ceux qui croient à la nécessité des guerres, Karim n'est qu'un insignifiant grain de sable, semblable à des centaines de milliards d'autres, perdus dans la trame des épopées sanglantes.

Tout près du cœur de Dieu.

Pour ceux qui croient que tout visage est également précieux et éternel, ce grain de sable doré, comme une goutte de miel, nous attend avec des centaines de milliards d'autres, en de merveilleux rivages où les vagues ourlées de lune s'égrennent comme sur des étoiles.

Karim n'avait rien d'un héros. Il n'a pas donné sa vie volontairement : on la lui a dérobée sans autre forme de procès. Si on avait pris la peine de l'interroger, il aurait affirmé son droit de grandir et son refus de mourir d'une manière aussi absurde.

En tout cas, personne ne pouvait lui ravir son droit d'aimer et il en usait largement, à la mode de Kfar Sama : sans efforts et sans façons.

Il aurait certainement pardonné avec vous, aujourd'hui. Et cela d'autant plus spontanément qu'il n'avait jamais désiré tenir une arme entre ses mains de quinze ans, qui savaient déjà les semailles et les récoltes et le prodige de moduler, sur une flûte de roseau, des trilles plus limpides que le roucoulement des tourterelles.

L'histoire de Karim est si simple, qu'on pourrait la résumer ainsi : « Il était heureux, il aimait tout le monde et trouvait la violence abominable. Mais comme tant d'autres victimes des guerres, il est mort, fauché par un obus. Et cela s'est passé si vite, que lui au moins, n'a pas eu le temps d'en souffrir. »

Seulement, voilà, émouvante ou ordinaire, son histoire est merveilleuse, tout simplement parce qu'elle raconte l'éclosion d'une vie. Et personne au monde n'a le droit de meurtrir une vie.

*

Karim naquit un soir d'hiver, dans la claire chaleur de sa petite maison coiffée de tuiles rouges. Dehors, le vent du Nord soufflait à perdre haleine et les sources, gonflées de pluies, se répandaient sur la mousse qui tapissait d'émeraude les creux des rochers.

Cet hiver-là, Kfar Sama compta presque autant de bonshommes de neige que d'habitants. Et les boules de neige, lancées par les enfants, tourbillonnaient dans l'air, aussi drues que les flocons.

Dans la chambre de Mariam, le vieux poêle ronflait comme un gros matou repu. La maison était pleine de gens accourus pour aider ou pour voir, tout simplement, le dernier-né de leur village. C'est qu'une naissance était une fête parmi les plus belles qui magnifiaient le lent cours des labeurs saisonniers.

Noël, Pâques, naissance, fiançailles, retour d'un émigré... et les cloches virevoltaient dans leur petit campanile et les maisons s'ouvraient encore plus grandes, aux mystères qui leur laissaient pressentir l'au-delà de la terre et de la mort.

*

Enfants de Kfar Sama, c'est ainsi que vous êtes nés, dans vos petites maisons pleines à craquer de parents et de voisins.

C'est ainsi que vous êtes nés, attendus, contemplés, palpés et aimés de tout un village.

Chacun d'entre vous était l'enfant de tous.

Alors que tant d'enfants ne s'ouvrent jamais à la vie parce que personne ne les regarde avec les yeux du cœur, vous étiez les enfants de tous.

Et ceci est un trésor à l'égal de ceux du paradis.

Aucune fée des richesses, des honneurs, des ambitions ou de la gloire ne fut conviée à vos baptêmes ; ces fées-là ne fréquentent pas les montagnes. Le ciel y est trop pur, l'air trop léger, les sources trop vives et les cœurs trop ouverts.

Mais, dans vos couffins de blanc coton, vos parents et Kfar Sama déposèrent toute la tendresse du monde.

C'est ainsi que Karim, premier fils de Hanna et de Mariam, doux paysans d'un petit village, reçut, à son tour, le présent traditionnel : toute la tendresse du monde.

Et son petit cœur fut au chaud pour toute sa vie.

*

Karim grandissait en âge, mais – signe incontestable de bonne santé et de joie de vivre – pas toujours en sagesse. J'entends qu'il était loin de ressembler à une image, ce qui aurait fort inquiété ses parents.

Espiègle, fureteur, questionneur et plus remuant que le vent, il buvait le soleil et la pluie à pleins yeux et respirait les cimes avec la fougue d'un cabri tellement assuré de la puissance de l'amour qui l'entoure, qu'il ne connaît point la peur.

Vous souvenez-vous de l'incantation que les enfants de tous les Kfars Sama lancent comme un cri de victoire, avant de sauter du haut d'un remblai ou d'un palier de verger ?

« Ma mère, jette-moi ! Sainte Vierge, attrape-moi ! »

Et hop ! ils glissent dans les airs, avec autant d'ivresse que s'ils voguaient sur un nuage.

Entre deux mères, que peut-on craindre ?

Entre six cents nids, tous également vôtres, éparpillés sur le flanc boisé d'une merveilleuse montagne, la terre et le ciel sont à la portée de vos âmes. Et lorsqu'on vous parle d'enfants privés de rires et de claire chaleur, leur détresse vous paraît intolérable.

Et vous réalisez que vous, pauvres enfants de la montagne, sans timbales d'argent, peluches mécaniques, crèmes fouettées et collerettes de soie, vous avez beaucoup, beaucoup à donner et à recevoir.

Vous avez à recevoir les enfants blessés du monde, dans vos cœurs qui ont eu chaud dès leurs premiers battements.

Vous avez à offrir le merveilleux présent, déposé dans vos couffins de blanc coton.

Et demain, s'il vous est donné de vivre, vous réaliserez que vous avez à offrir – encore et toujours – votre pardon et vos larmes, votre foi et votre propre dépouillement, le souvenir de vos fêtes et l'image de Kfar Sama, en vous indestructible, et celle de vos parents, de vos frères et de vos sœurs, en vous vivante et mille fois bénie, parce que l'amour que vous avez reçu est immortel.

Enfants de Kfar Sama, ne pleurez plus. Le ciel est immense, penché sur votre nuit. Immense de l'amour d'Allah, de vos parents et de ceux qui refusent la violence, pour ne pas perdre le présent de vie de leur naissance.

Oh ! regardez, en vous, les six cents nids de Kfar Sama. En cette nuit d'agonie, le souvenir de ces petits paradis est une action de grâce pour la paix dont ils ont nourri nos âmes, en leur apprenant le don sans mesure.

S'il vous est donné de vivre, vous les reconstruirez. Peut-être pas plus beaux, mais encore plus chauds si cela est possible. Vous mettrez des guirlandes de lampes à toutes les portes, et les passants de la nuit sauront que c'est sur la terre que l'on trouve les portes du paradis.

Oh ! regardez-les encore. Ils étaient humbles, mais si en harmonie avec leurs paysages, si paisibles parmi les arbres et les fleurs, si étrangers à la guerre ou à n'importe quelle autre forme de violence. Ils s'égayaient au petit bonheur autour de leur clocher. On passait de l'un à l'autre par des sentiers bordés de liserons, des escaliers biscornus et d'exquis jardinets, où les parterres de menthe et de persil ne portaient guère ombrage aux rosiers grimpants et aux dahlias flamboyants.

Chaque jardin avait sa tonnelle de vigne, son figuier, son mûrier ou son néflier, sous lequel s'ancrait en permanence, un divan de bois habillé d'un épais tissage aux rayures multicolores. Dès les premiers jours tièdes, tabourets et chaises venaient le rejoindre pour les sobhiehs (22) et les veillées en commun.

Les sobhiehs – vous en souvenez-vous ? – se fichaient éperdument des travaux de l'heure. Il suffisait d'un appel lancé du pas d'une porte : « O voisines, ma rakweh (23) est sur le feu, accourez chez moi ! » pour planter là, casseroles, lessive ou repassage et aller se détendre un brin en papotant d'abondance.

En général, les sobhiehs se passaient d'invitations et il était fréquent de croiser sur les chemins, des plateaux surchargés de tasses à café, des paniers remplis de fruits,

22. Littéralement : « Matinales ». En d'autres termes : visites qui ont lieu très tôt le matin.

23. Cafetière.

Vous les reconstruirez plus chauds
si cela est possible.

des assiettes débordant de galettes que l'on portait d'une maison à l'autre, sans autre raison que le plaisir de l'offrande.

Aux sobhiehs, tous les sujets étaient de mise : naissances, fiançailles, mariages, mort, caractères, recettes, provisions, époux, enfants, santé, petites querelles et grandes réconciliations, passé et avenir, superstitions, rêves prémonitoires et rêves tout court.

Un matin d'avril, on y parla de guerre, et les chants des oiseaux semblèrent venir de très loin, et Kfar Sama consterné, vacilla dans la peur.

*

Enfants de Kfar Sama, dès ce matin d'avril vous étiez pris dans la tourmente. Vous ne pouviez le comprendre avec un beau soleil, le printemps éclatant de bourgeons et de couleurs et votre bout de montagne intact, au-dessus des ruines qui s'accumulaient dans la plaine.

La guerre a beau frôler nos portes, tant qu'elle ne les franchit pas on la pense ailleurs. Et la peur se dilue dans un espoir insensé, et la mort surprend comme une injustice sans pareille.

Et les premières images d'enfants déchiquetés vous firent trembler de terreur.

Ah ! l'horrible vision à vos yeux tout neufs.

Ah ! l'horrible réalité que toute la tendresse du monde n'a pu encore effacer et qui se répète tous les jours, sur toute la terre, dans toutes les luttes qui opposent les hommes.

Et les enfants se dépouillent de leurs rires dans un râle déchiré.

Des enfants aux corps déchiquetés !

Des enfants aux cœurs déchiquetés !

O surhommes d'aujourd'hui, vous qui pensez dominer la terre, le ciel et la vie, Kfar Sama vous le demande :

« Qu'est-ce que le mal pour un petit enfant ? »

« Qu'est-ce que la souffrance dans le mal qui le déchiquette ? »

*

Et vous, petites fleurs des montagnes, qui ne compreniez pourquoi ni à quoi le monde venait vous livrer, vous ne cessiez de demander :

« Comment aimer ? »

« Comment aimer pour arrêter les guerres ? »

Pour vous, un enfant déchiqueté est douleur cinglante, face à laquelle l'amour flotte, immatériel d'impuissance. Et pourtant, je voudrais vous insuffler ma certitude en vous prenant sur mon cœur, vous, enfants de Kfar Sama, vous les vivants et ceux qui sont partis, et vous, tous les enfants de la terre, petits d'hommes, petits d'Allah, enfants de sa tendresse : l'amour est là, avant, pendant et après cette souffrance, et de sa plainte à vif il impose son baume, et de son chant si pur rejaillira la vie.

*

Comment aimer ?

O enfants de toutes les croix du monde, la réponse est en vous qui implorez l'amour tout au long de vos blessures.

Elle est en vous et elle est vous, parce que vous priez encore à travers vos larmes.

Elle est vous, parce que vous savez pardonner.

Enfants de Kfar Sama, vous pleurez encore. Voyez ! la veilleuse du sanctuaire luit doucement dans les ténèbres et le ciel est immense, penché sur votre nuit.

Vous savez bien que le ciel est toujours ouvert. Ce n'est pas lui qui ferme ses portes. Comment le pourrait-il, puisqu'il nous a donné ses clés ? C'est nous qui le fermons, chaque fois que nous fermons nos cœurs.

Ah ! si seulement nous voulions comprendre que la paix est entre nos mains et que gloire, richesse ou domination sont si peu de chose, en regard de l'amour infini ?

Dites-moi, que nous reste-t-il, ce soir, en face du tabernacle, si ce n'est la vérité de nos âmes ? Que reste-t-il à chaque homme, à l'heure du grand voyage ?

« Ah ! disait Mariam à Karim, la vérité d'un homme n'est pas dans ce qu'il possède. Elle n'est pas non plus, dans ses discours. Sa vérité, c'est le geste d'accueil spontané qu'il a devant n'importe lequel de ses frères. Ce geste-là est sa clé du ciel. »

Et Karim comprenait ces paroles, car son village était accueil. Il distillait tellement plus de joies que de peines. Sa foi, aussi profonde que simple, imprégnait chacune de ses actions et sa prière était remerciement et louange dénuée de réclamations et de plaintes.

*

Ainsi, Karim grandissait en âge, quoique pas toujours en sagesse. Il était espiègle et taquin, mais pas égoïste pour une piastre. Comment l'aurait-il été avec six cents portes ouvertes et les offrandes qui sillonnaient les chemins, et la nuée d'oncles et de tantes, de geddos et de tétas, de cousins et d'arrière-cousins qui souriaient sur son passage ?

Comment l'aurait-il été puisque ses parents ne lui disaient jamais : « Fils, nous sommes pauvres. Aussi, tiens ta main serrée et prends garde qu'on ne te dépouille du peu que tu possèdes. Apprends à être plus fort et plus rusé que les autres si tu veux profiter de la vie. »

Par contre, ils lui répétaient sans cesse : « Fils, donne sans compter et Allah byéb'at – Dieu envoie ! »

*

Karim – vous l'ai-je déjà dit ? – naquit un soir d'hiver. Il ouvrit les yeux sur un monde tout blanc. C'est que, cet hiver-là, le vent du Nord plumait les nuages bien plus que de raison. Le printemps qui suivit n'en fut que plus éclatant. Et Karim babillant sous le figuier de son jardin, découvrit sa première coccinelle et la tiède caresse de la brise, imprégnée de résine, de menthe et de thym.

Le parfum de sa montagne !

Ses premiers jouets furent les franges soyeuses des tarbouches (24) de ses geddos, leurs moustaches frémissantes de rire qu'il tiraillait dans tous les sens, et leurs chapelets luisants qu'il goûtait avec délice, car, pour les enfants, les couleurs sont aussi succulentes qu'un fruit sur sa branche.

Plus tard, il eut des moulins à vent, des billes, des sifflets taillés dans des noyaux d'abricots, une planche fixée sur trois peti-

24. Coiffure orientale, bonnet rouge cylindrique portant un gland de soie.

Ses premiers jouets furent
les franges soyeuses des tarbouches de ses geddos
et leurs moustaches frémissantes de rires.

tes routes pour dévaler les pentes à toute allure, des flûtes et des derbakés en veux-tu en voilà !

Rien que de très archaïque, en somme !

Mais, en vérité, je vous le dis : avec cela, les bois touffus et leurs mystères, la place de l'église, la place du village et des flopées de copains à toutes les heures du jour, Karim était bien plus heureux que le plus grand des pachas.

Je le revois tout petit garçon, les cheveux en bataille, les mains collantes de résine ou joliment gantées d'encre après la corvée de ses devoirs d'écolier. C'est ainsi qu'il rentrait en courant dans la sacristie avec ses camarades aussi ébouriffés que lui, les genoux écorchés, les poches de leurs pantalons déformées par la quantité de billes, de toupies, de pois chiches grillés et d'autres trésors innommables qu'ils y fourraient pêle-mêle.

Et je pensais qu'Allah les aimait ainsi.

Ils se bousculaient et me bousculaient pour allumer le charbon de l'encensoir ou s'emparer des livres de chants, qu'ils distribuaient avec de grands sourires aux villageois ravis de leurs frimousses épanouies.

Et je pensais qu'Allah les aimait ainsi.

Ils se bousculaient encore pour revêtir l'aube des enfants de chœur et surtout, joie suprême, pour tenir l'encensoir et le balancer à petits coups de poignet, en prenant place, soudain graves et plus solennels que des pontifes, autour de l'autel.

Et je pensais qu'Allah les aimait ainsi.

Les enfants qui ne servaient pas s'engouffraient sur les bancs, auprès des plus petits et de leurs parents. Certains chantaient à tue-tête aussi enroués que des crécelles, tandis que d'autres nous charmaient de leurs voix d'anges, parfois si sages et recueillis, parfois si remuants et distraits, tous beaux, tous infiniment précieux, tous enfants de la terre et du ciel.

Et je pensais qu'Allah vous aimait tous ainsi.

Ah ! que venait chercher la guerre, à Kfar Sama ?

Après la messe, de retour à la sacristie, mes enfants de chœur me bousculaient encore, quémandant une goutte de vin. Je feignais, parfois, d'oublier l'un d'entre eux. Aussitôt, les autres se pendaient à mon bras et réclamaient d'une seule voix : « Abouna, celui-là n'a pas eu sa goutte ! Abouna, tu l'as oublié ? »

Et je savais qu'Allah vous aimait tous ainsi, impatients, turbulents, agenouillés devant l'autel pour une dernière prière, puis sortant en trombe de l'église en vous bousculant de plus belle, mais si généreux, si attentifs les uns aux autres.

« Abouna, celui-là n'a pas eu sa goutte ! »

Rabbi, une goutte suffit pour connaître la saveur des meilleures choses de la terre.

Rabbi, une goutte d'amour ne suffirait-elle pas pour faire connaître la saveur de ton paradis ?

*

Enfants de Kfar Sama, vous vous êtes endormis et je vous parle encore. Je vous parle comme une prière, souhaitant de toute mon âme que vos rêves soient paisibles en dépit du cauchemar qui vous entoure.

*

La semaine dernière, vos parents travaillaient encore et offraient une part de leurs récoltes aux réfugiés.

La semaine dernière... comme cela paraît loin !

Vous portiez des fruits, des légumes et des galettes à la maison paroissiale pour la distribution hebdomadaire. Et cela ne représentait qu'une goutte d'eau dans l'océan des misères de la guerre. Cette goutte, Kfar Sama la donnait de tout son cœur en s'estimant bien privilégié. Alors que tant de localités manquaient d'eau et de combustibles et que tant de sans-logis mouraient de faim, nous avions une source, du bois en quantité et suffisamment d'huile, de féculents et de farine à partager avec d'autres.

Une fois la semaine, les femmes assuraient la cuisson du pain. Elles travaillaient sous un auvent de pierre ou de bois aménagé derrière les cuisines et qui les protégeait de la pluie ou du grand soleil. Sur des tablettes de bois, elles étalaient les boules de pâte pétries de la veille et enveloppées dans de la toile immaculée. Ensuite, elles s'installaient sur des tabourets bas autour de leurs fours, les cheveux soigneusement

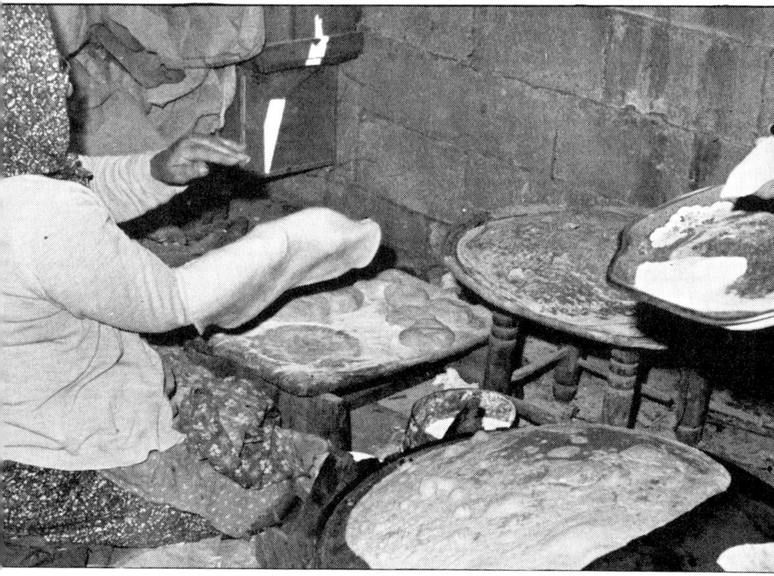

La cuisson du pain

emprisonnés dans les mendils et les genoux recouverts d'un carré de toile, toujours immaculé.

Leurs fours étaient fort simples. L'élément indispensable consistait en une sorte de petit dôme en fonte, d'environ soixante centimètres de diamètre, très évasé et à peine bombé. Sur le sol de terre battue, on empilait des pierres plates en demi-cercles que l'on chapeautait de dômes. A l'intérieur de ces huttes lilliputiennes, crépitaient des feux de branchages et de pommes de pins séchées au soleil.

Vous raffoliez des « jours du pain ». Vous remplissiez les paniers de combustible puis, assis sur vos talons, vous entreteniez les feux par intermittence, en agitant vigoureusement des balais de paille ou des bouts de carton. Tout en discutant et plaisantant, les femmes s'emparaient chacune d'une boule de pâte, l'aplatissaient un peu entre leurs paumes enduites de farine et, tout à coup, semblaient littéralement jongler avec. Leurs mains voletaient se croisant et se décroisant, la droite par-dessus la gauche, la gauche par-dessus la droite, ballottant la pâte qui s'étirait à une vitesse époustouflante. Je n'ai jamais compris comment elles arrivaient à étaler ainsi leurs boules dans les airs, sans autre support que la dextérité de leurs mains. Ensuite, elles en coiffaient les dômes fumants, et les énormes crêpes se boursouflaient et bronzaient en un clin d'œil. Elles les retiraient alors prestement et s'emparaient aussitôt d'autres boules.

Vous pliiez en quatre les crêpes refroidies et les entassiez dans des sacs de jute, non sans vous partager, de temps à autre, un pain (pas réussi, assuriez-vous !) que vous avaliez tout croustillant en vous brûlant les doigts et la bouche. Mais cette brûlure même avait un fumet incomparable, réunissant toutes les senteurs des bois.

La moitié des sacs allaient aux réfugiés et vous ne tarissiez pas de questions à leur sujet : « Est-ce qu'ils en auront assez ? Est-ce que nous allons être blessés, nous aussi ? Est-ce qu'on va nous chasser, nous aussi ? Est-ce qu'on va mourir, nous aussi ? Est-ce qu'on a fait du mal à ceux qui nous bombardent ? Pourquoi ils ne nous aiment pas ? Si on envoyait des fleurs aux réfugiés avec le pain, est-ce qu'ils seraient contents ? »

O enfants blessés, peut-être que demain, si l'aube d'ici-bas se lève encore pour vous, quelqu'un pensera à vous envoyer des fleurs avec du pain.

La semaine dernière, vous espériez encore et vous étiez prêts à partager le pain, les fleurs, vos maisons et vos parents.

Te souviens-tu, Nour ? Tu me disais : « Abouna, si on se serre assez, il y a de la place chez nous. Et mes parents ont un cœur si grand, qu'ils peuvent aimer vingt nouveaux enfants. » A huit ans, vingt est un chiffre énorme. Tu disais vingt comme tu aurais dit cent ou mille. Et le soir, à la prière, tu pleurais de vraies larmes pour les orphelins.

Et toi, Joumana. Tu disais : « Karim serait bien content qu'on donne son lit. Trois enfants dans le sien, trois enfants dans le mien et trois autres dans celui de Fadi, ça ferait des tas d'enfants qui auraient un lit. »

Mais plus personne n'osait venir s'installer par ici. L'étau de la guerre se resserrait autour des montagnes et les villages tombaient les uns après les autres.

Toutefois, jusqu'à l'année dernière, vous alliez à l'école. Oh ! pas à Kfar Sama, trop pauvre et insignifiant, et qui n'avait pas même une gendarmerie. Mais à Deir el Ouyoun, un peu plus bas sur la colline. Vous vous y rendiez par les bois et les vergers, les grands tenant les petits par la main, traînant la patte à l'aller, galopant au retour.

Evidemment, vous n'aimiez pas l'école. Au village, vous appreniez tant de choses autrement plus passionnantes. Etroitement mêlés à la vie des adultes, vous appreniez les saisons, les vents et les cerfs-volants, les pluies, les pousses tendres et les arbres chenus, les moutons, les chèvres, les poules, les oiseaux et les chenilles, les provisions de figues, de thym et de raisin que vous mettiez à sécher sur de grands plateaux d'osier tressé, les plantes sauvages et leurs propriétés curatives, la vie grouillante des sous-bois et, par-dessus tout, le respect du prochain et de la terre.

Ah ! non, vous n'aimiez pas beaucoup l'école. Je dirais même : pas du tout ! Et la plus belle cour de récréation n'aurait pu rivaliser avec la place de Kfar Sama.

Vous souvenez-vous de cette place ? Ni

ronde, ni carrée, elle s'évasait, comme il se doit, au centre du village. A droite – ou était-ce à gauche ? – se tenaient en rangs sinueux, la mercerie, la forge et la menuiserie. A gauche – ou était-ce à droite ? – se tenaient, toujours en rang sinueux, la pharmacie, l'épicerie et la quincaillerie. D'autres boutiques aux noms indécis s'inséraient dans de surprenants coins et recoins, et finissaient de se perdre en bordure de la route principale, ombragée de peupliers. En réalité, toutes ces boutiques offraient une incroyable disparité d'articles, qui ne troublait ni les vendeurs ni les clients. On trouvait des journaux et des billes chez le pharmacien ; des féculents et des galettes chez le quincaillier ; des balais et de l'aspirine chez l'épicier.

Sous leurs auvents à arcades, tables et chaises, délicieusement bancales, attendaient patiemment l'animation du soir. Vers six heures, la journée de travail terminée, les hommes arrivaient par petits groupes, frais rasés dans leurs chemises plus blanches que neige. Les saluts d'usage échangés, ils s'installaient sans se presser pour fumer un narguileh, disputer de chaudes parties de trictrac, siroter du café ou égrener leurs chapelets en devisant sereinement. Sous leurs regards indulgents, les enfants jouaient, couraient, tournoyaient en piaillant d'aise, tandis que jeunes gens et jeunes filles accordaient leurs pas et leurs reparties à la désinvolture de la brise du soir.

Vous souvenez-vous des fêtes sur cette place sablonneuse ? D'un peuplier à l'autre, les hommes entrecroisaient des guirlandes et des lampions que vous fabriquiez vous-mêmes.

Je vous revois, assis par terre dans la maison paroissiale, au milieu des pots de colle blanche et des rouleaux de papier crépon. Vous découpiez de longues bandes bleues, rouges, vertes, roses, jaunes et blanches. Vous les déplissiez du bout des doigts, le nez froncé, la langue tirée, muets comme des ombres pour un moment.

Ah ! que vous étiez habiles de vos mains et agiles de vos jambes ! Vous couriez ensuite d'une maison à l'autre, transportant des sièges, des paniers de fruits, des jattes d'olives et des cruches de sirop. Vos parents vous confiaient les emplettes. Et vous, si turbulents, mais si déférents, vous

Sous leurs auvents à arcades

reveniez les bras chargés en disant : « Geddo, ammo (25) ; emmé (26), voilà ! Je n'ai rien oublié ! »

Il vous arrivait bien, parfois, de casser quelque chose. Tout contrits, vous présentiez vos excuses en alléguant, comme tous les enfants du monde, que vous ne l'aviez pas fait exprès. Et vos parents s'écriaient : « Sur ton cœur comme du miel ! Tu ne t'es pas blessé, au moins, in'challah que tu nous enterres ! » Ce qui veut dire : « Que par la volonté d'Allah, ta vie se prolonge bien au-delà de la nôtre. » Ce qui veut dire aussi : « Nous t'aimons tellement, que ta vie nous importe bien plus que la nôtre. » Et ce n'est qu'une fois rassurés sur votre compte, qu'ils pensaient à examiner les dégâts.

Vous souvenez-vous des fêtes de mariages ? A peine sortis de la maison de la fiancée où les femmes admiraient le modeste trousseau et s'activaient aux derniers préparatifs, vous vous faufiliez dans celle du fiancé où les hommes roulaient leurs cigarettes en lançant les vœux, les dictons et les plaisanteries d'usage. Sous prétexte d'aider

25. Oncle.

26. Ma mère.

à offrir les douceurs, vous goûtiez à tout en vous remplissant les poches de grains de riz, que vous alliez jeter sur les mariés à la sortie de l'église.

Et les processions ? Là, vous étiez sages comme des anges, tout habillés de blanc, plus beaux, plus odorants que l'encens et les somptueux bouquets de fleurs que vous déposiez aux pieds de la Vierge. Ces jours-là, vos âmes transparaissaient plus claires et profondes qu'un étang d'été. Vous, les enfants de la terre, reposoirs du visage de Dieu dans le glorieux mystère de vos sourires, le ciel retenait son soufle en vous regardant passer.

*

Avec la guerre, les fêtes s'en sont allées. Heureux encore, ceux à qui il restait leurs foyers, leur travail et l'espoir.

L'espoir que le monde secouerait sa léthargie devant tant d'horreurs. L'espoir qu'il comprendrait que les guerres ne font que détruire et que, bientôt, plus personne ne pourrait en réchapper. L'espoir qu'il réaliserait que la vie, toute vie, est faite pour s'ouvrir à l'amour, la justice, la paix, et qu'il est mortel de l'en détourner ou de saper ses promesses d'y parvenir.

Les hommes ne viennent pas au monde pour les guerres, l'oppression, les machines, le souverain progrès technologique qui déshumanise, les préséances et les renommées. Ils ne viennent pas au monde pour le monde. Dieu a créé le monde pour épanouir leurs âmes à travers leur condition humaine. Il l'a créé avec son amour. Et il nous a laissé cet amour que nous pouvons tous acquérir et prodiguer sans argent, sans armes, courbettes, flatteries, ruses, palabres... et qui n'a pas besoin de pétrole, d'usines, de machines et d'esclaves à la chaîne, pour prendre les plus belles formes et envahir tous les marchés du monde.

L'amour ! La soif du monde, la sève de la vie et le trésor le plus bafoué par les hommes.

« Rabbi, que faut-il faire pour avoir la vie ? »

Il est étrange que le premier commandement de Dieu ne s'adresse pas à la raison. Il est étrange qu'il ne dise pas : « Acquiers la sagesse et tu recueilleras ses fruits. Fais attention à tes frères et aux biens que je t'ai confiés et tu seras récompensé. Evite le mal, car tu en souffrirais... »

Son premier commandement s'adresse au cœur : « Aime ! Aime ton Dieu et ton prochain et tu auras la vie ! » Il nous commande d'aimer comme s'il voulait nous obliger au bonheur. Aime ! et tout le reste te viendra par surcroît : la paix, la justice, la sérénité, la sobriété, la générosité, la sensibilité aux merveilles de la créature et de la création. Aime ! et tu seras surpris de la légèreté de ton âme et de l'éblouissement que peut devenir le sourire le plus fugitif d'un enfant.

*

Enfants de Kfar Sama, vous dormez, blottis contre l'autel et je pense à vos frères qui dorment de leur dernier sommeil dans les ruines de votre petit paradis.

Je les vois à côté de vous, Fadi, Joumana, Nour... et toi petit Imad qui suce désespérément ton pouce en appelant ta mère. Voici une femme qui vient vers toi. Elle te prend au creux de son bras pour te donner le lait que son enfant ne boira plus.

« Femme, voici ton fils. Il est tien, puisque tu lui donnes la vie en lui donnant ton lait. Il est doublement tien, puisque tu lui donnes ton amour dans ton immense douleur. »

*

Femme, te souviens-tu des belles histoires qu'on nous a racontées tout au long de cette guerre ? Te souviens-tu de ce très vieil homme parmi les réfugiés auxquels nous portions secours ? Il nous dit qu'une nuit de bombardements intenses, alors qu'il se trouvait dans un abri avec des gens pour la plupart inconnus de lui, une petite fille vint poser sa couverture sur ses épaules. Sans un mot, elle lui sourit et retourna auprès de ses parents. Lui ne pouvait accepter de se réchauffer alors qu'elle grelotterait. Aussi s'écria-t-il : « Reprends ta couverture, petit ange, et qu'Allah prolonge tes jours dans le bonheur, car tu m'as transporté au paradis. » Mais le père de la fillette lui répondit :

« Accepte, geddo ! S'il est vrai qu'au paradis on donne tout, il est aussi vrai qu'on reçoit tout. »

Cette petite fille – elle non plus ! – n'avait rien d'une héroïne.

Qui verrait un exploit dans son geste ? Ou un courage au-dessus du commun ? Elle tremblait de peur comme les autres. Cependant, elle a fait preuve d'une générosité absolue. Non pas dans l'abondance, mais dans le dénuement.

Toi, femme, tu n'as plus que ton lait. Tu le donnes alors que tout ton être crie vers ton enfant perdu. La fillette n'avait que sa couverture. Elle l'a donnée à l'inconnu le plus démuni.

Femme, un geste d'amour suffit pour transformer un abri en paradis.

Un geste d'amour suffit pour transformer la plus grande douleur en espérance.

*

L'aube est encore loin et les combats redoublent de violence. Imad s'est endormi dans les bras de sa nouvelle mère et il sourit dans son sommeil. A Kfar Sama, aucun enfant ne restera orphelin. Chaque femme de ce village en prendra soin comme sa propre mère. Chaque homme le nourrira comme son propre père.

Ah ! pourquoi la guerre ici ? Pourquoi la guerre ailleurs ?

*

Ce matin-là, Karim se posait une fois de plus, une fois de trop, cette maudite question qui ne devrait jamais effleurer les lèvres d'un enfant.

La veille, Deir el Ouyoun, le beau village aux neuf sources en contrebas de Kfar Sama, avait été massacré sans raison apparente et sans préavis. C'était un village paisible où diverses confessions vivaient en bonne entente. Les rescapés s'étaient réfugiés à Kfar Sama et Karim avait appris la mort de Haïtham, son ami. Ils s'étaient connus dès leur première année d'école. Ils devinrent très vite inséparables, partageant le même amour de la nature, le même rejet des jeux trop violents et, plus tard, la même passion pour la poésie et la musique.

En coupant par les bois et les vergers, il fallait moins d'un quart d'heure à Karim pour atteindre la maison de Haïtham. De là, ils se rendaient ensemble à l'école, doux et confiants comme les moineaux qui peuplaient leurs jardins. En dix ans, leur amitié avait amplement eu le temps de s'épanouir jusqu'aux silences semblables à des points d'orgue, déployant, comme un arc-en-ciel, les profondes vibrations d'un accord parfait. C'est que tous deux demeuraient poètes à la manière enfantine, fascinés par le chant et les reflets mouvants de l'eau s'échappant d'une source, et jouant inlassablement avec un rayon de soleil. Tous deux s'enivraient de la musique des flûtes et savaient intuitivement qu'elle avait été créée pour les montagnes, comme les orgues pour les cathédrales.

Seulement voilà ! ils n'étaient pas de la

Une mer de pins dévalait les douces pentes.

même confession. Une telle dissonance leur échappait totalement. Par contre, elle faisait les délices de la guerre qui pourchassait les plus infimes nuances, à seule fin d'alimenter ses flammes.

Ce matin-là, Karim devait travailler dans les vergers qui surplombaient Aïn el Farah et s'étageaient en demi-cercles jusqu'au sommet de la colline. Au-delà, une mer de pins recouvrait les montagnes, dévalait les douces pentes, encerclait une multitude d'autres petits villages et d'autres petits vergers, avant de céder la place aux orangers, citronniers et bananiers du littoral. D'habitude, Karim ne se lassait pas d'admirer ce paysage de rêve et il travaillait avec ardeur, poussé par le sentiment que sa tâche contribuait à lui garder ses nuances et sa sérénité. Plus il grandissait, plus il aimait la terre. Il lui semblait qu'en la touchant de ses mains attentives, il captait un message venu du plus profond des âges, venu de ce paradis terrestre où l'homme vivait le bonheur en Dieu, dans la neuve splendeur de sa création.

Mais ce matin-là, Karim ne voyait plus ses paysages et la terre lui semblait muette. Il se sentait si triste sous les amandiers, parmi les marguerites et les anémones mauves. Si triste et désarmé, si petit et perdu au sommet de sa colline, replié sur la mort de son ami. Il prit sa flûte et modula un air de fête, pour repeupler son cœur désert des souvenirs de leur enfance. Mais sous ses doigts glacés, les notes tremblotèrent plus éplorées qu'une complainte, et Karim songea que l'éclosion d'un chant ne pouvait se nourrir de la mort d'un enfant. Et il pleura, le visage enfoui dans les marguerites. Il pleura sur Haïtham et sur tous les morts de cette guerre qu'il ne connaissait pas, mais qui, soudain, lui devenaient familiers et chers, aussi réels que les gens de Deir el Ouyoun et de Kfar Sama. Chacun avait un visage, un nom, un regard créé pour la lumière de la terre et la vision de l'amour qu'il emporte dans son éternité.

Et Karim se posa, encore et encore, la maudite question qui ne devrait jamais effleurer les lèvres d'un enfant :

Pourquoi la guerre ?

Pourquoi faut-il qu'en une seconde, des familles entières n'aient plus pour foyers que le hasard des routes ?

Pourquoi faut-il qu'en une seconde, des maisons s'écroulent et que tout ce qui paraissait si important disparaisse en fumée ?

Pourquoi faut-il qu'en une seconde, des centaines de personnes meurent fauchées par la haine ?

Pourquoi la division du Liban ?

Pourquoi du jour au lendemain, le simple fait de s'appeler Karim ou Haïtham devenait un crime en soi, passible de mort ?

A qui profitait cette guerre ? Certainement pas aux Libanais qui voyaient leur beau et doux pays s'écrouler comme un château de sable et leurs vies emportées à la dérive par des torrents d'enfer.

Karim savait que les Libanais n'avaient pas voulu cette guerre. On avait réquisitionné leur terre pour des règlements de comptes étrangers à leur histoire et à leur nature. Auparavant, on avait tout mis en œuvre pour les scinder en blocs dépersonnalisés, étiquetés « bons » ou « méchants » selon le côté où ils s'étaient trouvés murés de par leurs confessions.

Pour qui ?

Pourquoi ?

*

Karim pleurait, le visage enfoui dans les marguerites. Il revoyait la famille de Haïtham semblable à la sienne, simple, unie, ouverte. Quelle différence y avait-il entre Fadwa, la mère de son ami et Mariam, sa propre mère ? Laquelle des deux aimait plus que l'autre, si tant est que l'amour se prête à la mesure ? Laquelle des deux cultivait sa maisonnée avec le plus de patience, de sensibilité, de douceur et d'adoration ?

« Bois, mon enfant, bois ! » disait tante Fadwa à Karim, lorsqu'il rendait visite à son ami. « Double santé et bonheur ! Mon sirop est plus frais que la rosée et quelle joie plus grande, dis-moi, que de l'offrir au frère de mon fils ? Tu mangeras avec nous, ce midi. Je t'ai fait des lentilles et du fattouch (27) que tu aimes. »

« Bois, mon enfant, bois ! » disait tante Mariam à Haïtham, lorsqu'il rendait visite à son ami. « Double santé et bonheur ! Mon sirop est plus doux qu'un rayon de lune et quelle joie plus grande, dis-moi, que de l'offrir au frère de mon fils ? Tu mangeras avec nous, ce midi. Je t'ai fait du tabboulé (28) et du kebbé (29) au four que tu aimes. »

27. Salade libanaise avec laitue, concombres, tomates, persil, menthe, oignons et pain grillé.

Les mêmes gestes et les mêmes paroles. Le même cœur débordant d'accueil. Oui, quelle différence y avait-il entre elles deux ?

*

Et quelle différence, aussi, entre Hanna et Qassem, leurs pères ? Tous deux étaient hommes de la terre et vénéraient leur terre. Tous deux vivaient dans le respect de toute chose.

« Je vois que tu aimes la terre », disait oncle Qassem à Karim. « Imprègne-toi d'elle, car c'est en elle que se trouvent les racines du ciel. Elle t'apprend la générosité quand elle te nourrit ; la beauté quand elle fleurit ; la réceptivité quand elle s'ouvre au soleil et à la pluie. »

« Je vois que tu aimes la terre » disait oncle Hanna à Haïtham. « Plus tu es proche d'elle et plus tu es proche du ciel. Elle te dit les raisons du printemps et de

28. Autre salade libanaise à base de bourghoul mélangé avec de la tomate, menthe, persil et oignons, le tout très finement haché.

29. Spécialité libanaise à base de viande pilée avec du bourghoul et garnie de pignons de pins et d'oignons frits.

l'automne. Elle te dit pourquoi les ombres et les lumières. Pourquoi la vie et pourquoi la mort. »

Quelle différence pouvait-il y avoir entre ces deux hommes-là ?

*

Et Alia, la petite sœur de Haïtham, avec ses boucles brunes cascadant sur ses épaules et ses grands yeux noirs pailletés de rires. Les mêmes yeux et les mêmes rires que Joumana.

Au nom de quoi l'une devait être moins précieuse que l'autre ou moins digne d'être aimée ?

*

Karim revoyait aussi les chapelets d'ambre de leurs grands-pères et leurs tarbouches légèrement inclinés du même côté de la tête, et le frémissement joyeux de leurs blanches moustaches, à la vue de leurs petits-enfants.

Pourquoi fallait-il que, tout à coup, la famille de Haïtham lui paraisse plus malfaisante qu'un fauve assoiffé de sang ? Pourquoi fallait-il que, tout à coup, la famille de Karim représente un danger mortel pour Haïtham ?

Pourquoi fallait-il qu'ils deviennent frères ennemis ? Pourquoi avait-on mêlé Dieu aux complots ourdis par les hommes ?

Depuis le berceau, Karim entendait dire que Dieu était amour et non pas général des armées, ou arbitre des litiges de suprématies et de possessions. On lui avait également expliqué qu'on ne pouvait introduire la paix par la force, dans un cœur qui la refusait.

Il y a des gens, comme ça, qui meurent de soif près d'une source. Il y a des gens, comme ça, qui grelottent de froid dans le noir, parce qu'ils n'ouvrent jamais leurs volets aux rayons du soleil. Cela n'empêche pas la source de répandre son eau et le soleil d'éclairer et de réchauffer la terre. Les sources et le soleil sont à la portée de nos cœurs. L'amour est à la portée de nos cœurs. La paix est entre nos mains. Si nous la laissons tomber, nous ne pouvons en rendre Dieu responsable et nous entre-déchirer en son nom.

Non, pensait Karim, les Libanais aimaient trop les sources et le soleil, la prière et le zajal, pour avoir voulu cette guerre. Elle venait d'ailleurs. Mais, pour la leur imposer, il était indispensable de les tremper corps et âme dans la méfiance et la peur. Il fallait les persuader que l'apprentissage du maniement des armes était leur seule chance de survie. Ensuite, la haine pouvait entrer dans leur pays par la porte d'honneur et couronner la division d'un baroud de triomphe. Et quand bien même des voix s'élèveraient pour condamner cette haine, que pourraient-elles contre des masses en fusion, se consumant et consumant les autres dans un délire d'apocalypse ?

Karim se revoyait tout petit garçon, tenant Haïtham par la main.

« Raconte-nous une histoire, geddo Khalil. Raconte-nous une histoire, geddo Hussein, réclamaient-ils avec insistance.

– Quelle histoire voulez-vous entendre ? répondait l'un ou l'autre. J'ai épuisé mon répertoire depuis longtemps.

– Eh bien ! recommence ! geddo Khalil. Recommence ! geddo Hussein. Raconte-nous l'histoire de Si Hassan, le Magicien. »

Allah ! qu'ils aimaient ces récits enchantés où les étoiles palpitaient au rythme des tambourins ; où les miracles surgissaient tels les djinns de la lampe d'Aladin, pour prouver aux cœurs confiants que la foi se joue des obstacles et que l'amour est le philtre ineffable, seul capable de métamorphoser une montagne de granit en buisson de jasmins.

Kane ya ma kane fi haydik ezzaman... il était une fois dans le temps d'autrefois...

O magie des histoires sans âge, qui remontent le temps sur les ailes de leurs mots. Mots diaphanes, mots chantant, mots dilatés d'espace, qui emportent les enfants au-dessus des nuages et entraînent les geddos dans la ronde du temps.

Kane ya ma kane...

*

Les histoires de guerre sont clouées à leurs dates et leurs mots sonnent noirs, comme des corbeaux perchés sur des potences :

« En l'an 300... 600... 900... 1100... 1975... des hordes en conflits ont déchiré la terre, et le soleil s'est éteint pour des millions d'hommes. »

Ces histoires-là n'ont jamais bercé les rêves des enfants. Ces histoires-là brisent leurs rêves et leurs ailes, et leur donnent, pour tout héritage, des boulets de ténèbres qu'ils traînent tout au long de leur interminable mort.

*

Kane ya ma kane fi haydik ezzaman...

O histoires sans âge de nos geddos sans âge, histoires de tous les temps et de tous les espaces, histoires belles et vivantes, merveilleuses légendes où les hommes communiquent avec les astres et les anges...

O magie de la vie, magie de la tendresse.

Il était une fois dans le temps d'autrefois des enfants aimés.

Il était autrefois dans le temps d'aujourd'hui des enfants heureux.

Il était aujourd'hui dans le temps d'autrefois, la tendresse, belle comme le jour, belle comme la nuit...

Il est la tendresse, belle comme la vie.

*

« O Haïtham, pleurait Karim, je ressens ta mort au plus profond de mon âme. Mais tu revivras par ton amour, mon ami, mon frère, de la vie que la guerre ne peut blesser. Nous rejouerons de la flûte ensemble, sous le grand chêne qui ombrage la place de Deir el Ouyoun. Nous rejouerons au sommet de la colline, face à la mer et au ciel, et nous saurons que le monde est encore plus grand et plus beau que dans nos rêves d'enfants, parce qu'il reçoit la lumière du soleil, de la lune et des étoiles. Il la reçoit du ciel.

Alors, nous jouerons les mélodies du ciel et nos corps n'auront plus d'importance.

Il y aura un soir à jamais confondu à son matin, parce que tu es mon frère et que je suis le tien. »

*

Enfants de Kfar Sama, vous dormez et l'aube tant attendue vient effacer les étoiles. Que nous apporte-t-elle ? Un sourire ou encore plus de larmes ?

Dehors, soudain le silence. Etrange. Oppressant. L'opaque silence des ténèbres. Le silence de la guerre, aussi menaçant que ses accès de rage. Que cache-t-il ?

Dehors, l'aurore. Tout doucement, les montagnes émergent de la nuit. Tout doucement, leurs crêtes se dorent au soleil levant. Ce jour s'entrouvre, lumineux comme une jonquille. Que nous apporte-t-il ?

Dehors, le ciel. Bleu comme un rêve d'enfant. Et près de l'autel, un bouquet d'enfants. De merveilleuses petites fleurs abandonnées dans une petite église. Coupées de tout secours humain. Coupées du monde, mais pas du ciel.

Elles s'éveillent dans le matin sans vie. Sentent-elles que, désormais, toute question est inutile ? Sentent-elles que, dans ce silence de ténèbres, l'amour est la seule certitude ? Toujours est-il qu'elles s'éveillent au-delà de la peur et que leur premier regard est sourire.

Elles n'attendent plus rien d'un monde qui a sauvagement détruit leurs jardins de tendresses. Alors, pourquoi sourient-elles ? Est-ce parce qu'elles savent qu'elles ont tout à attendre de la tendresse du ciel ? Est-ce parce qu'elles se sont remises entre les mains d'Allah ?

Elles s'éveillent en souriant, ces petites fleurs blessées. Elles s'étirent dans les rais du soleil qui filtre à travers la fenêtre du chœur et souhaitent le bonjour à tous. Puis elles s'agenouillent autour de moi.

Alors, la parole d'Allah pénètre au plus profond de leurs âmes : « Venez à moi. Ne craignez rien. Ayez confiance. »

Et elles plongent dans cette confiance comme seuls les enfants sont capables de le faire. Elles y plongent corps et âmes. Pour elles, cette confiance n'a rien de commun avec celle que les hommes ressentent lorsque tout va bien... que la santé est bonne, l'appétit rassasié, les amitiés gratifiantes, la bourse agréablement sonnante, les lendemains sans soucis majeurs.

Non ! Elles plongent dans la confiance absolue. Celle du cœur. Celle qui s'obstine à chanter, lorsque la raison a toutes les raisons de désespérer. Celle qui est incompatible avec la peur. Celle qui reçoit tout en donnant tout, parce qu'elle accueille l'immensité de l'Amour.

« Venez à moi, vous tous qui peinez sous le fardeau, et je vous donnerai le repos. »

« Venez à moi et je vous donnerai l'Amour. »

Agenouillées devant le tabernacle, elles chantent, ces petites fleurs déracinées, aussi pures et fraîches que leur Source du Bonheur :

« Depuis le berceau, j'ai été nourri de ton amour, Rabbi, et mes lèvres en gardent à jamais la saveur.

Si l'océan est houleux, je me mets à l'abri dans le havre de tes mains. Tu es notre lampe dans les chemins obscurs. Tu es le trésor dont on ne peut se séparer. Tu es notre rempart tout au long des dangers, parce que tu es Amour. Fais-nous arriver jusqu'à ta source et désaltère-nous.

Nous avons faim, tu es notre pain. Nous avons soif, tu es notre vin.

Donne-nous de tout partager, par ton seul pain de vérité. Car, si vers toi nous tendons les mains, nous pourrons, par toi, tout donner.

Rabbi, nous t'offrons nos vies pour que tes vignes soient fécondes. Fais qu'elles ne s'évadent jamais d'entre tes mains. »

*

En ce matin sans vie, elles chantent et prient, les petites fleurs de Kfar Sama. Elles chantent et sourient, comme tout enfant nourri de tendresse sans mesure. Dans les ténèbres de la guerre, à l'heure où leur monde n'est plus qu'un amas de ruines, elles vivent de cette tendresse, chaude, douce, lumineuse, comme seule peut l'être la certitude que l'amour est la totalité de toutes choses, le fondement, le dépassement et l'infini de chaque être, le paradis de profonde communion avec Dieu et les hommes.

Vivants sur la terre ou vivants dans le ciel, personne ne peut détruire le paradis des enfants de Kfar Sama. Car, ce paradis, Kfar Sama l'a enraciné dans leurs cœurs.

Leurs maisons à arcades, coiffées de tuiles rouges, c'est leur confiance en Dieu.

Les cascades enchantées : leurs chants de foi et de gratitude.

Les fleurs et les oiseaux : leurs prières et leurs partages.

Les sources : l'amour qu'ils reçoivent en héritage et qu'ils apprennent à répandre à pleines mains.

L'air plus pur que diamant de calife : leur regard vers Dieu. Leur regard d'enfants de Dieu. Leur pardon pour que fleurisse l'Amour dans sa radiance divine.

*

Ce matin-là, lorsqu'une averse de bombes rompit le lourd silence des ténèbres, les enfants de Kfar Sama ne pleuraient plus.

Ils priaient tout contre le cœur d'Allah.

*

Je ne vous raconterai pas l'histoire de *Kfar Sama,* de ce paradis que le père Mansour Labaky vient d'écrire ou plutôt de chanter comme un cantique. Faites comme moi. Lisez à votre tour. A petites étapes, de couplet en couplet. Pas trop vite : vous auriez trop d'émotion.

Ce *Kfar Sama,* « ravagé par la guerre, qu'il avait refusé de toute son âme, de toutes ses prières et de toutes ses larmes » reste habité par l'espérance. Il continue à rêver du temps où la cueillette des fruits ne tuait pas les enfants. Il croit à la paix. Il croit à la joie. Il croit à l'amour qui recréera le monde. Il est éternel comme un don de Dieu.

PRÉSIDENT CHARLES HÉLOU

C'est le poème de l'enfance et de la maternité, de la fraternité, de la pureté et de la candeur, du lever et du coucher du soleil, de la lune, des sentiers, des fleurs, des grappes de raisin, des tambourins, du pain, de la danse et des chants. Il évoque un cantique du Livre des Cantiques... et il est le plus délicieux des cantiques.

LA REVUE DU LIBAN, AOÛT 1983

Le Liban c'est cela : une communauté faite de villages et de villes, où chrétiens et musulmans ont longtemps retenu ce qui les unit pour former ensemble une nation. Jusqu'au jour où la guerre leur est imposée de l'extérieur... Alors Kfar Sama paie à son tour tribut à la guerre, et les enfants eux-mêmes en apprennent la terrible science.

UN TÉMOIN, JACQUES NANTET

A l'hôpital du Sacré-Cœur, un garçon de vingt ans, tout jeune marié, touché par une balle dans le dos et totalement paralysé, a dit à Françoise de Lobkowicz : « Dites à nos frères d'Occident que nous sommes la plus ancienne chrétienté et que chacun de nous est prêt à mourir pour que le Christ reste vivant sur cette terre ».

FIGARO-MADAME

Le Saint-Père a reçu récemment le père Mansour Labaky

Je vous invite à adresser une fervente prière au Seigneur, aujourd'hui encore, pour ceux qui, au Liban, continuent à souffrir de situations dramatiques qui, à certains moments, semblent même étouffer tout espoir de reprise.

En ces tout derniers jours, nous avons eu connaissance de nouvelles victimes sanglantes, de bombardements et de destructions !

Sans nous lasser, nous devons garder confiance dans le Seigneur, que nous invoquons pour qu'il éclaire les responsables.

Prions le Seigneur à ces intentions, en demandant l'aide et l'intercession de la Sainte Vierge !

JEAN PAUL II

ÉPILOGUE

Huit ans de guerre, au Liban.

Huit longues années de désolation pour un tout petit pays dépourvu de structures, de prétentions, de possessions et de surfaces à l'échelle d'un tel déploiement de violence.

Pour qui ?

Pour quoi ?

Pourquoi la guerre ici, et pourquoi la guerre ailleurs ?

Pourquoi, dans un monde si évolué, des millions de réfugiés traînent leur désespérance de cauchemar en cauchemar, les mains vides, les pieds nus, les cœurs évidés ?

Pourquoi des millions d'enfants inhumainement sacrifiés à la folie des hommes ?

Rabbi, est-ce toi qui nous as abandonné ou est-ce le monde qui t'a déserté ?

Rabbi, pourquoi tant de haine, alors que la tendresse est si légère ?

Pourquoi la faim, la soif, la peur, la puanteur, les échos de fracas d'enfer, les gémissements des enfants, l'hébétude des vieillards, la longue plainte des mères qui refusent le silence définitif de leurs petits ?

« Pardonne-leur, car ils ne savent ce qu'ils font. »

A qui pardonner, Rabbi, alors que nous avons tous une part de responsabilité dans ce monde qui tue les âmes, nous qui avons reçu la terre en partage ? Nous qui avons reçu ton amour en héritage ?

O Rabbi, de quelle sorte d'amour ou de haine sont pétris les cœurs des survivants des hécatombes ? Comment parler d'amour aux enfants déracinés de leurs jardins de tendresse et projetés dans l'épouvante ? Comment parler d'amour à tous les enfants de la terre, moissonneurs dans les champs ensemencés de poison, galériens sur les vaisseaux de la concurrence ?

Ces enfants sans enfance !

« Laissez venir à moi les petits enfants. »

Laissez-les venir à la tendresse, à la lumière, à la chaleur, pour qu'ils s'en imprègnent et deviennent tendresse, lumière et chaleur qu'ils rayonneront à leur tour.

« Heureux ceux qui font œuvre de paix : ils seront appelés fils de Dieu. »

Course à la fabrication des armes. Course à la vente des armes. Course à la domination, à la possession, à la mort.

« Je vous donne ma paix, je vous laisse ma paix. »

Quelle paix, Rabbi, si elle n'est pas rentable ? Et qu'est-ce qu'un homme pour la plupart des hommes ? Et à quoi bon tant d'hommes ? Les machines les remplacent si avantageusement. Les machines ignorent la faim, la fatigue, les revendications et la dignité. A quoi bon tant d'hommes ?

Il en faut tout de même assez pour pouvoir écouler les armes et les illusions avec profit. Il en faut tout de même assez pour servir de monnaie d'échange, de moyen de chantage, de cobayes de la terreur. Il en faut tout de même assez pour partir en guerre au nom de la paix, de la justice et des droits de l'homme.

Ah ! la haine a beau jeu quand elle clame justice et qu'elle revêt sans vergogne les uniformes du droit, du devoir ou de la défense des opprimés.

Non ! les Libanais n'en peuvent plus !

Tous les peuples de la terre n'en peuvent plus !
Tous les enfants de la terre n'en peuvent plus !

Les enfants de l'injustice...
Les enfants vendus...
Les enfants prostitués...
Les enfants pollués...
Les enfants suicidés...
Les enfants émaciés de la faim...
Les enfants boursouflés de la surabondance...
Les enfants aux aurores saccagées...

Les enfants du Jardin des Oliviers.

Ils se ressemblent tous. Ils ont tous le regard opaque des damnés de la terre. Qui donc leur tendra la main ?

*

« Nous ! » disent les enfants de Kfar Sama. « Nous ! » disent tous les cœurs d'enfants de la terre. « Nous nous donnerons la main. Nous la donnerons à toute la terre. Nous chanterons l'amour au milieu des ténèbres. Nous chanterons tant et plus et bien plus fort que la haine.

Alors, il y aura un soir, il y aura un matin...

... Et l'Amour recréera le monde. »

*

Baabdat, le 26 mars 1983

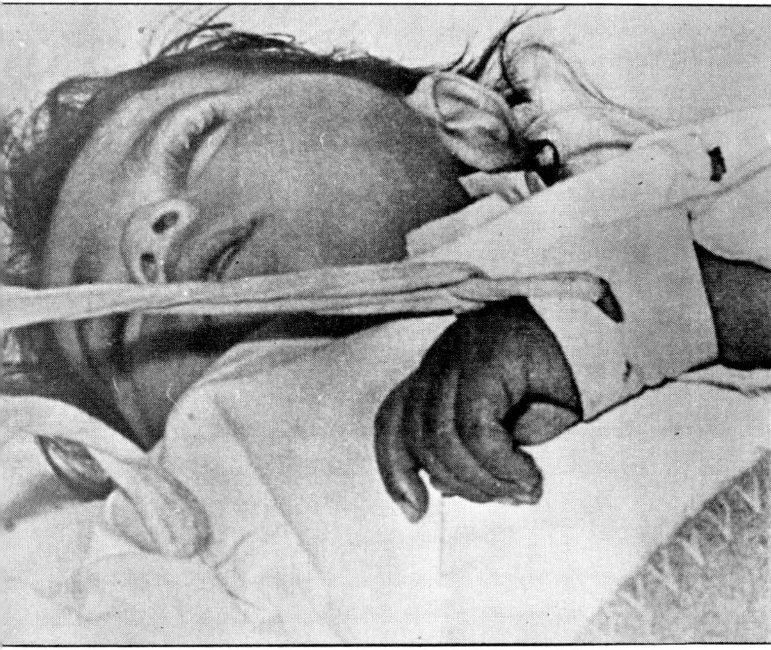

Non ! Tous les enfants de la terre n'en peuvent plus.

TABLE DES MATIÈRES

ACHEVÉ D'IMPRIMER LE 16 DÉCEMBRE 1983
SUR LES PRESSES DES ÉDITIONS TÉQUI
53150 SAINT-CÉNÉRÉ

N° d'édition : T 53 532
Dépôt légal : Décembre 1983